Andreas Herrmann

Die Kunst, Freunde zu gewinnen

Verlag Gottfried Bernard
Solingen

2. überarbeitete Neuauflage

Heidstraße 2a
42719 Solingen
E-Mail: verlag.gottfriedbernard@t-online.de

Bibelzitate sind, falls nicht anders angegeben,
der „Guten Nachricht“ entnommen.

ISBN 978-3-938677-12-4
Best.-Nr. 175612

Grafik: Tina Gerteiser, Waldshut, www.designTiger.de
Satz: Satz & Medien Wieser, Stolberg
Druck: Schönbach Druck, Erzhausen
Printed in Germany

Andreas Herrmann
Die Kunst, Freunde zu gewinnen

Den vielen Freunden in einer wunderbaren und
begeisternden Gemeinde, dem CZW,
die mit ihrer positiven Reaktion auf meine Predigten
zum Thema „Freundschaft" den entscheidenden Impuls
für dieses Buch gaben.
Es macht mich dankbar, mit so vielen liebevollen,
kreativen und hingegebenen Menschen umgeben
zu sein und von ihnen ergänzt zu werden.

Inhalt

Einleitung

Viele Verbindungen und Freundschaften zerspringen wie billiges Porzellan, in das zu heißes Wasser gefüllt wurde. Der Grund wird an den Trends der letzten Jahrzehnte sichtbar und deutlich. Selbstverwirklichung, Selbstfindung und Unabhängigkeit waren die prägenden Schlagworte der endsechziger und siebziger Jahre. Ein zusätzlicher Therapieboom insbesondere in den achtziger Jahren flankierte die selbstzentrierte Nabelschau und verstärkte die Entwicklung zum wachsenden Individualismus. Heute, mitten in den 90ern, leben wir bereits in einer „Ver-Single-lungs"-Gesellschaft. In Großstädten wie München leben über 50 % der Bewohner in Einzelhaushalten – allein in Frankfurt am Main hat man pro Haushalt durchschnittlich 1,95 Personen errechnet. Ebenso ist das Heer der Alleinerziehenden drastisch gewachsen. Die Scheidungsrate in vielen Großstädten liegt bei 50 %. Die Epidemiekrankheiten der Neunziger heißen wachsende Vereinsamung sowie Paar- und Beziehungssterben. Es ist ganz offensichtlich, dass wir uns gesellschaftlich in einer Sackgasse befinden.

In diesem Buch geht es mir unter anderem auch um Beziehungen, die länger halten als ein Schneemann im August. Auf der anderen Seite möchte ich Dir, lieber Leser, eine stressgeplagte, ewig analytische Reise durch die zerklüftete Seelenlandschaft von Dir selbst und Deinen Zeitgenossen ersparen. Vielmehr möchte ich Dich mit einigen Freunden vertraut machen. Entdecke Deinen ersten Freund, Dich selbst, dann das begeisterte Kind in Dir, dann die Liebe zum Leben und schließlich die Liebe zu vielen, vielen lieben Menschen.

Was will also dieses Buch? Sehr einfach: Durch erprobte, praktische Leitlinien und viele konkrete Beispiele Dich motivieren, mehr in Deine Beziehungen zu „investieren" und Deinem Leben dadurch eine positive Dynamik zu verleihen, die niemandem mehr verborgen bleiben wird. Dein Lebensglück, der Grad Deiner Beliebtheit, das Gedeihen Deiner Kinder, Deines Freundeskreises sowie Deiner Gottesbeziehung ist zu einem nicht unerheblichen Teil von Deinem positiven Umgang mit Menschen abhängig. In diesem Buch wird Dir ein zuverlässiger Schlüssel angeboten, der bereits viele Herzenstüren geöffnet hat und gleiches auch für Dich tun kann. Alle Erfahrungsberichte in diesem Buch sind deshalb aus dem wirklichen Leben entnommen. Zum Schutz für die betreffenden Personen wurden Orte, Namen und manchmal auch das Geschlecht verändert.

Dieses Buch handelt deshalb nicht nur davon, wie Du Dich beliebt machst oder Freunde gewinnen kannst, Menschen richtig behandelst oder die Macht der Liebe richtig einsetzt bzw. Menschen in der richtigen Weise ermutigst, sondern auch davon, wie man seinen Charme entwickeln und – nicht zuletzt – wie man missionarisch erfolgreicher Menschen erreichen kann.

Die in diesem Buch angeführten Prinzipien basieren auf Gesetzmäßigkeiten und Lebensregeln Gottes, die – sofern wir sie befolgen – unweigerlich zu Resultaten führen. Entdecke Dich selbst beim Lesen dieses Buches und benutze es als Orientierungshilfe. Es soll all denen, die in ihren Beziehungen vorankommen wollen, als Anleitung, Ermutigung, Beratung und Korrektur dienen.

Genauso, wie man einen Artikel über Zahnpflege lesen kann, ohne sich selbst die Zähne zu putzen, so kann man ein Buch über Prinzipien, wie man Freunde gewinnt, lesen, ohne dass es einen wirklich weiterbringt. Wenn Du also wirklich etwas von diesem Buch haben möchtest, dann lies es mit der entschlossenen Haltung, etwas verändern zu wollen – und zwar bei Dir selbst.

Ich möchte Dich nun ermutigen, mit mir eine Reise durch das weite Gebiet der Freundschaft anzutreten, die, ähnlich dem Weg ins Gelobte Land, voller unerwarteter Schätze, Entdeckungen und Anregungen ist.

Es empfiehlt sich, dieses Buch nicht einfach nur zu lesen …

Vermutlich gehörst auch Du zu jenen Menschen, die gezielt nach konstruktiven Anregungen Ausschau halten. Da es um eine optimale Effektivität in der Erarbeitung, Umsetzung und Anwendung in Sachen Freundschaft geht, sollten wir uns folgende Vier-Punkte-Vorgehensweise vergegenwärtigen:

1. Um möglichst viel Gewinn aus diesen nun folgenden Kapiteln herauszuholen, empfehle ich Dir, wie in der Schule oder im Studium mit einem gelben (es darf auch ein grüner sein …) Leuchtstift zu „lesen“, das heißt, alles Dir Wichtige hervorzuheben.
2. Um nach jedem Abschnitt das für Dich wichtige Lernziel zu erfassen, ist es hilfreich, Dir folgende Frage zu stellen: Welche Kernsätze oder Gedanken sind für mich wichtig? Unterstreiche diese mit einem andersfarbigen Leuchtstift.
3. Stell Dir Dein eigenes Vertiefungsprogramm schriftlich zusammen, indem Du das für Deine Weiterentwicklung Wichtige notierst. Bedenke: Der Mensch verändert sich erst durch Ziele, die er zu *seinen* Zielen gemacht hat. Wer sein Ziel formuliert, der erreicht es auch.
4. Durch häufige Wiederholung des Vertiefungsprogrammes verfestigen sich die neuen Ziele und mobilisieren so eine gestaltende Kraft.

Wir alle brauchen Freunde

Es ist nicht gut, wenn der Mensch allein ist" (Gen 2,18), sagte Gott, denn er hatte uns als Beziehungswesen geschaffen, die ein Gegenüber, einen Freund brauchen. Deshalb ist ein menschliches Grundbedürfnis, das in uns allen zu finden ist, der Wunsch nach echter Freundschaft. Wie banal es auch klingen mag, wir brauchen Freunde, denn sie sind so nötig wie die Luft zum Atmen.

Da Freunde ein großer, bereichernder Gewinn für das Leben sind, sollten wir lernen, wie man unzerbrechliche Ketten echter, tiefer Freundschaft schmiedet. Darüber hinaus ist die Fähigkeit, Freundschaften zu knüpfen, zu pflegen und zu halten, ein Maßstab für unsere seelische Gesundheit. Selbstzufriedene Leinwandhelden wie James Bond, Dirty Harry, Rambo oder Ringo zelebrieren den starken Macker, der auf jegliche Hilfe von Freunden verzichten kann. In ihrer Heldenhaftigkeit steigern sich diese Plastikhelden von Individualisten zu Hyperindividualisten und haben so mit dem wirklichen Leben, in dem wir stehen, nichts mehr zu tun.

Rambo-Einzelkämpfer sind im Berufsleben, in dem Teamsowie Beziehungsfähigkeit hoch im Kurs stehen, „mega-out". Positiv eingestellte, kontaktfreudige Menschen verändern das Klima am Arbeitsplatz so, dass die Arbeit mehr Spaß macht. Ein Team lebt davon, wie sich der einzelne einbringt, dass man mit ihm offen reden kann, letztlich: dass er beziehungsfähig ist.

Dein Lebensglück, aber auch Dein Erfolg im Berufs- oder Gemeindeleben hängt zum großen Teil von Deiner Fähigkeit ab, Freunde gewinnen zu können. Mit diesen Fähigkeiten, die es zu entwickeln gilt und die auf keiner Schule oder Seminar gelehrt werden, wollen wir uns befassen. Wer gelernt hat, Freund zu sein, wird immer neue Freunde dazugewinnen. Das gilt sowohl für wenige enge Freunde, als auch für die vielen, mehr offenen Freundschaften. Die Prinzipien diese Buches gelten in jedem Fall für beide Beziehungsformen. Selbst bei „lockeren" freundschaftlichen Beziehungen wird man sie nicht vernachlässigen können.

Ich möchte nicht den Fehler begehen, tiefe Freundschaften im „David-Jonatan-Stil" zu glorifizieren und mehr unverbindliche Freundschaften als oberflächlich abzuwerten. Für das menschliche Leben sind lose Freundschaften genauso wichtig wie enge Freunde. Je mehr Freunde Du besitzt, umso größer werden Deine Chancen und Möglichkeiten sein, auf fast allen Gebieten des Lebens weiterzukommen, denn wir alle brauchen Hilfe und Unterstützung. Kein Mensch wird jemals erfolgreich sein können, wenn nicht andere ihm dabei unter die Arme greifen. Dein Erfolg im Leben ist also im wesentlichen von Deiner Fähigkeit, Freunde zu gewinnen, abhängig. Ohne diese Fähigkeit wäre es mir beispielsweise nicht möglich gewesen, mit einem Freund zusammen zwei impulsgebende Gemeinden zu gründen, die in kurzer Zeit beachtlich gewachsen sind und enorm viele Dienstbereiche entwickelt haben.

Große, gesunde Gemeinden wachsen vor allem auch durch Freundschaft, weil durch starke, belastbare Beziehungen die Kraft freigesetzt wird, sich liebevoll um Menschen zu kümmern, die Gott noch nicht kennen. Die Tatsache, dass die Vernetzung der Gemeinde Jesu zunächst primär auf der Grundlage von losen Freundschaften basiert, ist für mich ein weiterer Grund, Freundschaften dieser Art Beachtung und Wert beizumessen und sie in keinster Weise zu unterschätzen, denn sie vermitteln uns nicht nur ein gesteigertes, positives Lebensgefühl, sondern auch Sicherheit. Manchmal wirken gerade diese Freunde, wenn wir sie sehen, anregend wie ein Glas Sekt, weil sich durch sie die Stimmung auf unserem Gemütspegel beträchtlich hebt.

Trotzdem ist das Wesentliche an der Freundschaft nicht die Zahl unserer Kontakte – was übrigens viele glauben –, sondern schlichtweg wir selbst, unser Wesen, unser Charakter, unsere Person. Es geht also nicht einmal darum, den richtigen Freund zu finden, sondern vielmehr darum, der richtige Freund zu sein. Durch die Anwendung der kraftvollen und glasklaren Lebensregeln Jesu, die wir im einzelnen noch besprechen werden, verbunden mit dem Streben nach dem, was ihm wichtig war, erwerben wir allmählich die Fähigkeiten und Qualitäten, die uns zu einer anziehenden und faszinierenden Person machen, die – wie er auch – sehr, sehr viele Freunde haben wird.

Teil I

Nur wer Freundschaft mit sich geschlossen hat, kann anderen ein Freund sein

Selbstliebe, der Schlüssel zur Freundschaft

Nur wer sich selbst mag und annimmt, wirkt auch auf andere anziehend und hat mit größter Wahrscheinlichkeit positive Freundschaften und viele Beziehungen. Der erste Schritt, um Freunde und Partner zu gewinnen, besteht deshalb darin, daß wir erst einmal Freundschaft mit uns selbst schließen müssen. Von daher ist es wichtig, daß wir uns im ersten Teil des Buches mit dem Thema „Selbstliebe“ befassen. Im zentralen zweiten Teil werden wir uns dann mit den Schritten zur Persönlichkeitsentwicklung und mit den Qualitäten und Voraussetzungen befassen, die uns zu einem gewinnenden und faszinierenden Menschen machen.

Die Sache mit der Selbstliebe

Natürlich ist das Wort „Selbstliebe“ in der christliche Terminologie ein schillernder Begriff, der schwerer zu fassen ist als eine Forelle im Bach. Trotzdem wage ich den Versuch, dieses Wort wenigstens ansatzweise aus geistlicher und psychologischer Sicht etwas griffiger zu machen. Dieses Kapitel ist all denen gewidmet, die nicht Anhänger der populären, selbstzentrierten „Meiner-mir-mich“-Philosophie sind, sondern eher die Neigung haben, sich im Dienst für Gott und Menschen wie eine Kerze zu verzehren, die man an zwei Enden angezündet hat.

Gleichzeitig stellt dieses Kapitel die Grundlage für erfolgreiche Freundschaft durch Selbstliebe dar. Was zunächst wie ein Widerspruch klingen mag, ist genausowenig einer wie der folgende Satz, der uns als Christen herausfordert: „Ihr sollt die Welt und das, was zu ihr gehört, nicht lieben“ (1 Joh 2,15a).

Paradoxerweise liebt aber Gott die Welt so sehr, daß er seinen eingeborenen Sohn opferte (Joh 3,16). Gleichzeitig fordert uns die Bibel auf: „... Jeder von euch muß seine Frau so lieben wie sich selbst“ (Eph 5,33). In Lev 19,18 kommt Gottes Gebot „Liebe deinen Mitmenschen wie dich selbst“ klar zum Ausdruck. Auf eine von Jesus gestellte Frage antwortet ein Pharisäer: „... Liebe den Herrn, deinen Gott, von ganzem Herzen, mit ganzem Willen, mit deiner ganzen Kraft und deinem ganzen Verstand! Und: Liebe deinen Mitmenschen wie dich selbst. ‚Richtig geantwortet‘, sagte Jesus. ‚Handle so, dann wirst du leben‘“ (Lk 10,27.28). Paulus ist der Meinung, daß alle „Du-sollst-nicht“-Gesetze in dem Satz „Liebe deinen Mitmenschen wie dich selbst“ zusammengefaßt sind, denn die Liebe sei die Erfüllung des Gesetzes (Röm 13,8-10).

Im Galaterbrief Kapitel 5, Vers 14 heißt es erneut: „Das ganze Gesetz ist erfüllt, wenn dieses eine Gebot befolgt wird: Liebe deinen Mitmenschen wie dich selbst.“ Jakobus schrieb: „Handelt nach dem Gesetz, das Gott, der große König, erlassen hat und in dem es heißt: ‚Liebe deinen Mitmenschen wie dich selbst!‘ Dann tut ihr recht“ (Jak 2, 8).

Obwohl die Bibel in diesen Versen deutlich die Selbstliebe für richtiges Handeln voraussetzt, scheint dieses Wort für viele eifrige Christen geradewegs aus der Hölle zu kommen. Fast alle Menschen werden von einem zentralen Wunsch und Grundbedürfnis angetrieben, nämlich eine Person zu finden, die uns aufrichtig und innig liebt. Obwohl etliche davon solche Menschen fanden, zerplatzte der Traum von der großen Liebe und der treuen Freundschaft wie ein Ballon auf einem Kaktus. War das nur ein böser Zufall oder gibt es dafür einen einleuchtenden Grund?

Ein Grund liegt sicher darin, daß diese Menschen wahrscheinlich nur von einer Frage angetrieben waren: Wer liebt mich? Niemals stellten sie die grundlegendere Frage, auf die uns Jesus aufmerksam macht. Diese Frage lautet: Liebe ich mich eigentlich selbst? Wie soll ein Mensch, der sich selbst nicht mag, andere Menschen mögen und lieben können? Nur, wer sich selbst angenommen hat, wird auch seinen Nächsten annehmen und lieben können.

Da wir gerade dabei sind: Wie steht es eigentlich um Deine Selbstliebe? Beachtest Du Dich? Bist Du dir selbst sympathisch? Bist Du dankbar und mit Dir, Deinem Aussehen, Deinen Leistungen, Gaben und Grenzen zufrieden? Kannst Du mit Dir barmherzig sein?

Natürlich gibt es auch den selbstbewußten Christen, der den Bereich der *gesunden* Selbstliebe fast schon hinter sich gelassen hat. Und der selbstverständlich demütig genug ist, das nicht offen zuzugeben. Also, für solche Leser, die spüren, daß ihr „Ego“ in diesem Sinn reichlich kräftig entwickelt ist, empfehle ich, das kommende Kapitel einfach zu überspringen.

Die Selbstliebe eines Pastors

Vielleicht geht es Dir ähnlich wie mir. Man kümmert sich fast ständig um die anderen, opfert seine Zeit, nimmt sich häufig der vielen Kleinigkeiten und Kinkerlitzchen von anderen an und erledigt die eigenen Dinge nicht, die manchmal viel wichtiger und wesentlicher gewesen wären. Zu Hause angekommen, ist man dann schließlich geschafft und ausgelaugt und hat keine Energie mehr für sich und die Familie. Für andere hat man sich ausgepowert, seine Energien verströmt, doch für die Lieben fehlt jetzt die Kraft.

Ist dieser Zustand einmal erreicht, so beweist er, daß wir uns und Christus in uns nicht ernst genug nehmen. Irgendwann wurde mir klar, daß die Liebe zu der Gemeinde bei der eigenen Familie anfängt. Aber wie kann ich meine Familie lieben, wenn ich noch nicht einmal mich selbst in der rechten Weise liebe?

Da ist z. B. die klassische Rollenerwartung, die „man“ und „frau“ gegenüber dem Pastor haben. Es ist in den meisten Fällen eine Klischeevorstellung, die jeden Pastor samt seiner Familie erheblich unter Druck setzt. Ein von Gott Beauftragter hat so und so zu funktionieren, er ist so etwas wie ein Gemeingut, das modellhaft und restlos hingegeben „Christentum“ zu leben hat, usw. Es geht sicherlich nicht auf Kosten der Nächstenliebe, wenn ich sage, daß wir als Familie ein Recht darauf haben, mal essen zu gehen, wenn wir es uns leisten können, auch wenn Millionen hungern. Wir haben ein Recht auf eine Verschnaufpause, auch wenn draußen die Menschen mit ihren Nöten Schlange stehen. Wir haben ein Recht auf ein glückliches Familienleben, auch wenn die Welt noch nicht ganz evangelisiert ist. Was nützt es mir, wenn ich die ganze Welt für Jesus gewinne und dabei meine eigene Familie verliere?

Darum habe ich für mich beschlossen, kein „Mega-Seelsorger“ zu sein und bei gewissen Anlässen keine Schuldgefühle mehr zu entwickeln, was mir immer noch nicht leicht fällt. Ich möchte, daß die Menschen wissen, daß auch ich ein Mensch bin, der gelegentlich gern im Kino sitzt, zwei Gläser Wein trinken kann und auch mal ohne Probleme anderer sich mit seiner Familie herrlich entspannt.

Es ist eine falsche religiöse Erwartung sowie ein verlogenes, erlösungsbedürftiges Rollenspiel, das hingegebene Christen und insbesondere Leiter quält. Bekommen wir wirklich eine „geistliche Statusneurose“, wenn wir natürlicher und ehrlicher werden? Brechen „unsere“ Nachfolger und Freunde zusammen, wenn sie entdecken, daß wir „normale Menschen“ sind und unser Heiligenschein schrumpft?

Ich persönlich möchte mich frei fühlen von falschen Verpflichtungen, die nicht von Gott, sondern aus einem religiösen Rollendenken heraus kommen. Gottesfurcht ist frei von solchen verdrehten Gedanken, die uns ständig Schuldgefühle zu verpassen suchen: „Was würden denn die Leute sagen, wenn sie wüßten, daß ich …?“

Mit Gott leben heißt für mich auch: Abschied nehmen dürfen von jeder Form religiöser Selbstentfremdung. Welch ein Geschenk, sich bei einem Vater bergen zu können, der nichts von meiner Allzeit-bereit-Rolle wissen will, aber sehr an der Hingabe meines Herzens interessiert ist!

Führt Selbstliebe nicht zu Selbstsucht?

Ich spüre schon, wie die ersten Fragen an die Schädeldecke einiger meiner Leser pochen. Sollte dies nicht ein Buch über Freundschaft, Nächstenliebe und Hingabe sein?

Selbstliebe ist die Grundlage für ein gesundes Selbstwertgefühl und das totale Gegenteil von Selbstsucht, Egozentrik und Narzißmus. Gerade der Selbstsüchtige ist ein Mensch, der sich nicht angenommen hat, der ständig darauf aus ist, die Anerkennung anderer zu bekommen. Er benutzt letztlich jeden Menschen, um das Vakuum in ihm selbst zu füllen.

Oft wird ein solches egozentrisches Verhalten von ausgeprägten Minderwertigkeitsgefühlen begleitet, die sich wiederum in einer unangenehmen Profilierungssucht äußern. Menschen, die nie zu sich selbst eindeutig „ja“ gesagt haben, neigen außerdem dazu, sich geradezu zwanghaft ständig mit anderen zu vergleichen. Besonders schlimm wird das, wenn sich dieser Zwang auch auf das religiöse Leben auswirkt. Ein solcher Mensch versucht mit Gewalt, immer „heiliger“ zu werden. Leider gelingt das nur den wenigsten, so daß ihm nur noch eine Entwicklung möglich ist: immer pharisäerhafter oder gebildeter in Sachen „Religion“ zu werden.

Gelebte Selbstliebe dagegen bedeutet nicht nur, daß wir uns annehmen, sondern vor allem Gottes Gnade annehmen, die uns von der Selbstsucht heilt. Hierbei werden wir nicht pharisäerhaft, sondern gnädiger und liebenswürdiger, denn wir ruhen in der Annahme und Liebe Gottes.

Keiner von uns wurde mit dieser Selbstliebe – wie wir sie jetzt genauer umrissen haben – geboren. Wie Nächstenliebe muß sie erlernt und eingeübt werden.

Selbstliebe muß wie Nächstenliebe eingeübt werden.

Der New Yorker Pastor Norman Vincent Peal berichtet in einem Aufsatz von einem Mann, der ihn um eine Unterredung bat: „Der gebeugte Mann sprach mit niedergeschlagener Mine und mutloser Stimme: ‚Ich fühle mich fast immer deprimiert und elend. Können Sie mir helfen?‘ ‚Nein‘, sagte Peal entschlossen. ‚Ich kann nicht in Ihren Kopf hineinkriechen und den Mechanismus darin verändern, aber vielleicht kann ich Ihnen sagen, wie Sie sich selbst helfen können … Warum betrachten Sie sich selbst aus der Perspektive eines Wurms statt aus der Ihres Gottes? Sie sind sein Kind. Wenn Sie für ihn wichtig sind – und das sind Sie – woher nehmen Sie das Recht, herumzulaufen und Ihre Unwichtigkeit zu beteuern?‘“

Jeder Christ darf und muß Selbstliebe praktizieren, indem er sich um ein positives Selbstbild bemüht. Er muß lernen, sich im

Licht der Gnade und Liebe Gottes zu sehen und anzunehmen. Hierbei braucht niemand zu fürchten, daß Gnade und Selbstliebe die Selbstsucht verstärken. Die Gnade und Liebe Jesu gibt uns in tiefer und einzigartiger Weise unseren Wert und unsere Würde zurück. Selbstvertrauen und Selbstannahme sind die Basis für ein gutes, befriedigendes Leben in der Gemeinschaft mit Gott und den Menschen. Gedanken, die einer negativen Grundeinstellung sich selbst gegenüber entspringen, sind niemals Gottes Gedanken, sondern Gedanken einer gefallenen Schöpfung.

Fehlende Kontakte sind nicht die Ursache für fehlende Freunde, denn die wahren Wurzeln der Einsamkeit liegen viel tiefer. Einsamkeitsgefühle, die einen Menschen oft ununterbrochen leiden lassen, sind nichts anderes als ein Ausdruck für fehlende Selbstliebe. Nur wer sich angenommen hat, besitzt die innere Voraussetzung für dauerhafte, wahre Freundschaft. Deshalb besteht der erste Schlüssel, der uns aus dem Gefängnis der Einsamkeit befreit, nicht darin, daß wir uns in übertriebenem Kontakteifer auf unsere Mitmenschen stürzen, sondern darin, daß jeder sich selbst annimmt und liebt. Die negative Einstellung zu uns selbst zerstört unsere Selbstachtung, die wiederum wichtige Voraussetzung für Freundschaft ist. Ein Mensch mit mangelnder Selbstliebe oder Selbstachtung leidet zumeist daran, daß er Kontaktschwierigkeiten hat und Angst vor der Ablehnung durch seine Mitmenschen. Er hält sich für uninteressant, nicht liebenswert genug und sieht in den fehlenden Beziehungen und Freundschaften den Beweis für seinen Bedeutungsmangel. Schließlich ist er davon überzeugt, daß er seinen Mitmenschen ohnehin nichts zu bieten hat.

Es gibt einen häufig zu beobachtenden, interessanten Mechanismus. *Menschen schützen sich gegen die Angst vor Ablehnung durch andere, indem sie sich selbst ablehnen und abwerten.* Kommt diese Grundhaltung im Leben zum Tragen, verbaut man sich so gut wie alle Chancen für gelingende Beziehungen im persönlichen Lebensumfeld.

Möchtest Du den „Mangel an Bedeutung" weiterhin als Dauerbegleiter auf Deiner Lebensreise? Möchtest Du Dein Leben weiterhin mit Selbstmitleid verbringen oder andere Menschen beneiden oder vielleicht weiterhin unter der Angst vor Ablehnung leiden? Wohl ganz sicher nicht, und deshalb kann es durchaus hilfreich sein, sich noch ein wenig intensiver mit dem Thema Selbstliebe zu befassen, um langfristig einen gesunden, wachsenden Freundeskreis aufbauen zu können.

Der Weg zu echter Selbstliebe

Gott möchte, daß Deine Identität innere Festigkeit erfährt, die von ihm kommt. Ist Gott also die Quelle unserer inneren Stärke, so brauchen wir weder uns noch anderen zu beweisen, wer wir sind und was wir leisten können. Mit dieser Stärke wird es uns leichter fallen, ehrlicher, unverkrampfter und viel effektiver unsere Arbeit zu machen. Es wird uns leichter fallen, unseren Nächsten zu lieben und Freunde zu gewinnen.

Weil Du in Gottes Augen wertvoll bist, sollte man Dich auch ernst nehmen – das ist etwas, was Du mit Dir selbst ebenso tun mußt. Du verdienst es, von anderen und Dir selbst gut behandelt zu werden, denn als Gotteskind sind Deine Gedanken, Meinungen und Ideen sehr wichtig. Du bist und lebst, weil Gott Dich geschaffen hat und unendlich liebt. Schon aus diesem Grund hast Du Wert und Würde und solltest Dich nie als Randfigur sehen. Sage Dir: Wenn Gott mich liebt und gerne möchte, daß ich mich liebe, dann werde ich mich auch lieben. Wenn er mich ernst nimmt, will ich mich und meine Bedürfnisse auch ernst nehmen. Da ich als Person wichtig bin und zähle, ist das wichtig, was von mir ausgeht. Ich lasse das ständige Herumnörgeln an mir und die Selbstvorwürfe los, um mich in die Gnade Gottes fallen zu lassen. Natürlich bin ich ein unvollkommenes Wesen, aber gerade das macht mich zu einem Menschen, der liebenswürdig ist.

Wenn wir unsere Schwächen, Stärken und Verletzbarkeiten akzeptieren, so befinden wir uns bereits auf dem Weg der Selbstannahme und Selbstliebe.

Zu sich selbst stehen

Frederik S. Perls, der Begründer der Gestalttherapie, bringt in seinem Buch den Unterschied zwischen einer unter Defiziten leidenden, kranken und einer gesunden Persönlichkeit auf den Punkt: „Der Verrückte sagt: ‚Ich bin Abraham Lincoln', der Neurotiker sagt: ‚Ich wollte, ich wäre Abraham Lincoln' und der Gesunde sagt: ‚Ich bin ich und du bist du'".[1]

Der Autor diverser pädagogischer Bücher und Artikel, Angelo Patri, sagt: „Niemand ist so unglücklich wie derjenige, der etwas anderes oder jemand anders sein möchte als die Person, die er seinem Körper und Geist nach ist".[2] Du bist auf diesem Planeten ein noch nie dagewesenes Original, das es auch in Zukunft nicht noch einmal geben wird. Inzwischen gibt es Tausende Kopien von Leonardo da Vincis berühmtem Bild der Mona Lisa, doch nur ein Bild trägt die Originalhandschrift des Meisters. Jeder von uns trägt in gleicher Weise Gottes Originalhandschrift, denn niemand ist nur eine geklonte Figur oder eine billige Reproduktion irgendeines Originals.

Nur allzu oft hört man den Satz: „Jeder ist ersetzbar." Da weder ich noch irgendein Mensch jemals das sein können wird, was Du bist – nämlich ein von Gott geschaffenes, unverwechselbares Original mit spezifischen Gaben und Berufungen, wie sie kein zweiter hat –, so bist Du letzten Endes auch nicht zu ersetzen. Darüber hinaus kann niemand in allen Lebensbereichen gleich gut oder schlecht sein. Ein Reiz des Lebens als Original besteht ganz bestimmt auch darin, mit seinen spezifischen Fehlern und Schwächen zu leben.

Für unsere Welt bist Du ein Geschenk Gottes, das vermutlich das Beste aus dem machen will, was Gott Dir anvertraut hat. Nur einer kann so reden, malen, singen, tanzen, lächeln, denken, sich darstellen, seinen Platz einnehmen und Dinge entwickeln wie Du. Der Regisseur, der in Charlie Chaplins erstem Film Regie führte, verlangte von Chaplin, daß dieser einen beliebten Komiker der damaligen Zeit nachmachen sollte. Wie wir inzwischen wissen, wurde Chaplin erst populär und gelangte zu Weltruhm, als er anfing, sich selbst zu spielen. Jeder, der andere kopiert, wird nie in seine Berufung hineinwachsen und zur vollsten Zu-

---

[1] aus: La Fayette „Gestalt Therapy Verbatim", Calif., Real People Press 1969, S. 40

[2] aus: Dale Carnegie „Freu dich des Lebens!", Scherz-Verlag, 1991, S. 15

friedenheit gelangen. Zu Beginn meiner Predigtlaufbahn probierte ich, andere erfolgreiche Prediger zu kopieren. Ich merkte schon bald, daß ein einstudiertes Gemisch an Predigern im wörtlichen Sinn wirklich nicht das Wahre war. Ich sagte mir schließlich: Ich kann zwar nicht wie der Herr Sowieso predigen, aber ich kann so gut und so schlecht predigen, wie ein Andreas Herrmann mit seinen gottgeschenkten Möglichkeiten und Grenzen predigen kann. Seitdem lasse ich nicht locker, mit Gottes Hilfe aus Andreas Herrmann den bestmöglichen Andreas Herrmann zu machen. Das hat nicht nur meinen Predigten gut getan – ich selbst bin einfach zufriedener als vorher.

In gewissem Sinne ist die Nachahmung anderer nur eine Form der Selbstablehnung und ein langfristiger Mord am eigenen Persönlichkeitsprofil. Paulus definiert die Gemeinde Jesu als Leib, der aus vielen Gliedern besteht. Jedes Glied hat eine bestimmte Funktion, so daß das Auge nicht versuchen sollte, Fuß zu sein. In diesem Sinne möchte Gott, daß wir unsere Position in seinem Orchester einnehmen und nicht versuchen sollten, auf den Instrumenten anderer herumzugeigen.

Wer sich daran gewöhnt hat, sich selber ständig abzuwerten, kann logischerweise nichts Gutes an sich finden. Vergegenwärtige Dir deshalb, daß Deine Minderwertigkeitsgefühle lediglich Gefühle sind, die auf verinnerlichten Lügen aufbauen, die nichts mit Gottes Wahrheit und dem Bild, das er von Dir hat, zu tun haben. Falls es Dir langsam dämmert, daß Du über Dich selbst viel negativer urteilst, als Du je über andere Menschen denken würdest, empfehle ich Dir folgende heilsame Sofortkur:

Stell Dich vor einen Spiegel, schau Dich an und sprich laut folgende Worte aus: „Gott, ich bin bereit, mich mit allen Stärken und Schwächen so anzunehmen, wie ich bin. Ich verspreche dir, daß ich ‚Ja' zu mir sage und von heute an damit aufhöre, mich abzuwerten und zu erniedrigen. Ab heute werde ich versuchen, jeden meiner Minderwertigkeitsgedanken zu entlarven und ihn mit einem Gedanken der Selbstannahme zu ersetzen.

N. N. (Setz hier ruhig Deinen Namen ein), ich nehme Dich bedingungslos an. Ich sage ja zu Dir, weil Gott ganz ja zu Dir gesagt hat."

Was bedeutet Selbstliebe noch?

- Selbstliebe heißt, daß Aufgaben, Leistungen und Dinge, die Du vollbringst, niemals wichtiger sind als Du selbst! Examensprüfungen, Titel, Finanzen und Prestige bestimmen niemals Deinen wahren Wert, der von all dem völlig unabhängig ist – auch wenn uns die Welt tagtäglich das Gegenteil spüren läßt.
- Selbstliebe heißt auch, daß wir uns wie Jesus davon befreien, „lieb und nett“ zu sein, um es jedermann recht zu machen.
- Selbstliebe sollte alles mit Gottesfurcht und möglichst nichts mit Menschenfurcht zu tun haben.
- Selbstliebe bedeutet, daß wir zu uns selbst eine liebevolle und wohlwollende Beziehung entwickeln, weil Gott es so will.
- Selbstliebe heißt, daß wir aufhören, uns zu beschimpfen, abzuwerten und kleiner zu machen, als wir sind. „Noch der Schwächste soll erklären: Ich kämpfe wie ein Löwe!“ (Joel 14,10).
- Selbstliebe bedeutet, daß wir unverdiente Gnade zulassen, die unsere Selbstablehnung abbaut. Gleichzeitig ist sie die radikale Absage an jede Art von Selbstverurteilung. Selbstliebe läßt uns sofort wieder aufstehen, nachdem wir gefallen sind.
- Selbstliebe betont, daß wir die Grenzen unserer Fähigkeiten und Möglichkeiten anerkennen und lieben lernen, ohne uns zu überfordern.
- Selbstliebe bedeutet, daß wir uns durchaus kritisieren oder korrigieren lassen können, ohne jedoch in Niedergedrücktheit oder Selbstablehnung zu verfallen.
- Selbstliebe leben heißt, daß wir den heißen Draht zum Schöpfer pflegen, von dem unendlich viel Liebe und Annahme kommt, die wir so dringend brauchen.
- Selbstliebe drückt sich darin aus, daß ich meine Familie liebe und es ihr zeige. „Genieße jeden Tag mit der Frau, die du liebst, solange dieses flüchtige Leben dauert, das Gott dir geschenkt hat“ (Koh 9,9).
- Selbstliebe zeigt sich auch darin, daß wir mal was für uns und unseren Körper tun, z. B. uns ein gutes Essen gönnen, einen Spaß, eine Anschaffung, eine Freude machen, ins Kino gehen oder was auch immer.

- Selbstliebe hilft mir, daß ich mich nicht ständig entschuldigen oder rechtfertigen muß.
- Selbstliebe bedeutet auch: Wer sich selbst lieben kann, hat auch keine Schwierigkeiten, mit sich allein zu sein.
- Selbstliebe heißt, daß ich darauf achte, daß Christus in mir, der die Hoffnung der Herrlichkeit ist, niemals vernachlässigt wird.
- Selbstliebe heißt, daß ich meinen Körper als Tempel des Heiligen Geistes in Schuß halte und pflege.
- Selbstliebe heißt, die Liebe und Vergebung Gottes anzunehmen und sich in Gott zu verlieren, um mit ihm alles zu gewinnen.

Das Beispiel einer Mutter Teresa

Erst durch Selbstliebe sind wir in der Lage, unseren Nächsten und unsere Freunde zu gewinnen und zu lieben, denn nur die Persönlichkeit, die Gnade und Liebe annimmt und zu sich selber ein versöhntes Verhältnis hat, kann dem Egotrip wirklich den Rücken kehren, selbstlos lieben und Freund sein. Hier ein Beispiel: Ein Journalist, der Mutter Teresa bei ihrer Arbeit in den Slums von Kalkutta beobachtete, sagte: „So etwas würde ich nicht für ein Tageshonorar von tausend Dollar machen." Mutter Teresa antwortete kurz angebunden: „Ich auch nicht."

Der Humor und die Gelassenheit dieser kleinen, zierlichen Frau sind entwaffnend. Wer jemals das Glück hatte, mit ihr zusammenzukommen, hat das bewegende Empfinden, einer ganz großen Persönlichkeit begegnet zu sein, einem Menschen, der „in sich selber ruht". Der Grund dafür? Aus allen ihren Schriften geht hervor, wie sehr Mutter Teresa sich von Gott geliebt weiß. In diesem Wissen fand sie die innere Kraft, auf sich allein gestellt die Arbeit unter den Ärmsten der Armen zu beginnen und bis heute durchzuhalten. Und wer will bestreiten, daß sie durch ihre Bereitschaft, sich rückhaltlos wegzuschenken, einen unendlich großen Freundeskreis gewann ...

Von Gott geschenkte Selbstliebe, die sich in wachsender Nächstenliebe auswirkt und durch diese selbst ständig verstärkt wird, durchbricht den Teufelskreis aus angeschlagenem Selbstwertgefühl, wachsender Egozentrik und der zwangsläufig daraus folgenden Einsamkeit. Ein solches Leben hat uns Gott nicht zugedacht. Mutter Teresa gab mit ihrer Antwort zu verstehen: Das, was ich gefunden habe, läßt sich tatsächlich nicht mit 1000 Dollar pro Tag bezahlen!

Das Geheimnis der Freundschaft

Wenn wir den anderen mehr lieben als uns selbst, lieben wir uns eigentlich weniger, schrieb Ulrich Schaffer sinngemäß in einem seiner Bücher. Wer sich selbst nicht liebt, ist oder wird ein Egoist. Wie können wir den Nächsten lieben und annehmen wie er ist, wenn wir uns selbst nicht annehmen? Wie können wir großzügig vergeben, wenn wir nicht die Selbstliebe besitzen, uns vergeben zu lassen oder uns selbst zu vergeben? (Hier muß ich gerade an die Worte Jesu denken: „Wem viel vergeben wird, der liebt viel“). Wie können wir Barmherzigkeit am Nächsten üben, wenn aus mangelnder Selbstliebe keine göttliche und menschliche Barmherzigkeit zugelassen wird und wir obendrein mit uns selbst nicht barmherzig sind?

Warum haben es die meisten Menschen schon so schwer, ihren Allernächsten, nämlich den Ehepartner, ohne unterschwellige Kritik anzunehmen? Auf alle diese Fragen lautet die Antwort immer wieder: Weil sie wahrscheinlich nie gelernt haben, sich selbst zu lieben.

„Denn ein Mann, der seine Frau liebt, liebt sich selbst“ (Eph 5,28).
„Jeder von euch muß seine Frau lieben wie sich selbst“ (Eph 5,33).

Aus diesen beiden Versen geht deutlich hervor, daß Selbst- und Nächstenliebe wie siamesische Zwillinge sind. Würde man sie einfach auseinanderreißen, so würden beide schmerzvoll sterben. Es bleibt also dabei: Jeder, der Schwierigkeiten hat, andere zu loben, zu bestätigen, zu vergeben, barmherzig zu sein und zu beschenken, liebt sich selbst nicht genug und zeigt damit nur, daß er ein Egoist ist, der andere immer nur unter Rücksichten wie „nützlich – nicht nützlich“, „angenehm – nicht angenehm“, usw. betrachtet.

Wer sein Leben (Ego) sucht, wird es verlieren

Den Mangel an erlebter Annahme und praktizierter Selbstliebe versucht der Mensch auszugleichen, egal mit welchen Mitteln. Er ist wie das berühmte Faß ohne Boden, das nie gefüllt (d. h. er findet keine „Erfüllung"!) werden kann. Er ist geizig, unbarmherzig, befriedigt sich selbst durch übermäßiges Essen, überdrehte sexuelle Aktivität, usw. Mangelnde Selbstliebe macht uns entweder selbstsüchtig oder sie erzeugt Selbsthaß, der das Zeug hat, in Schwermut, Depression und im schlimmsten Fall in den Selbstmord hineinzuführen. Aus mangelnder Selbstliebe hungern sich Menschen zu Tode oder überfressen sich, verletzen sich, weil sie zu hohe Erwartungen an sich selbst stellen oder vereinsamen, weil sie ihren Partner restlos überfordern und damit verlieren. Mangelnde Selbstliebe ist nie eine Privatsache, denn sie greift geliebte Partner, Kinder und den Nächsten an und zerstört sie.

Die große Lüge egoistischer Selbstverwirklichung

In den letzten Jahren versuchen zum Teil selbsternannte Kapazitäten, Lebenserfolg durch Selbstzentriertheit und Selbstverwirklichung anzubieten. „Denn wer sein Leben retten will, wird es verlieren. Wer aber sein Leben um meinetwillen verliert, gerade der wird es retten. Was hat ein Mensch davon, wenn er die ganze Welt gewinnt, aber zuletzt sich verliert oder sich doch schweren Schaden zufügt?" (Lk 9,24,25). Diese Sätze bedeuten doch, daß der Selbsterlösungsversuch egoistischer Selbstverwirklichung im Gegensatz zur Selbstliebe immer im Verlieren endet. Eltern, die ihr Ego selbst verwirklichen („karriereversessene Eltern"), verlieren ihre Kinder und oft auch sich gegenseitig.

Wir dürfen nicht übersehen: Der Selbstverwirklichungstrip hat tausend Gesichter; besonders ausgeprägt findet er sich bei vielen Menschen, die im Rampenlicht der Öffentlichkeit stehen wie Sportler, Showleute, Wirtschaftsbosse und Politiker. Betrachtet man alle Aspekte ihres Lebens, wird man oft feststellen müssen, daß solche Menschen häufig in der Gefahr sind, letztlich auf der Verliererseite zu stehen.

Die egoistisch ausgelebte, religiöse Selbstverwirklichung einer Frau, deren Mann noch nicht zum Glauben gekommen war, ließ diesen auf geistlichem Gebiet so hinter sich, daß auch sie am Ende zu den Verlierern zählte. Egoismus paßt zu echter Selbstliebe genauso wenig wie ein Zigarettenstummel in eine Sahnetorte. Im Gegenteil, mangelnde Selbstliebe führt, wie wir gesehen haben, geradewegs in eine versklavende Egozentrik.

Von der Selbstliebe zur Nächstenliebe

Wer sich von Gott und Menschen nicht geliebt weiß oder lieben lassen will, kann sich selbst nicht lieben und erlebt Nächstenliebe und Freundschaft als wahre Überforderung. Folge davon ist eine nagende Selbstablehnung, die sich auf alle Bereiche unserer Existenz auswirkt. Deshalb heißt es: „Das Besondere an dieser Liebe ist: Nicht wir haben Gott geliebt, sondern er hat uns geliebt" (1 Joh 4,10). „Wir lieben, weil Gott uns zuerst geliebt hat" (1 Joh 4,19). Wenn wir in der Nächstenliebe bleiben – so erklärt uns Johannes –, bleibt Gott in uns und seine Liebe wird in uns vollendet. Die Liebe Gottes sowie unsere Selbstliebe setzen in uns einen Prozeß in Gang, der uns zunehmend vom Egoismus befreit und in ungeheuchelte, wirkungsvolle Nächstenliebe führt.

Selbstliebe strahlt nach außen

Noch einmal: Mangelnde Selbstliebe führt geradewegs von der selbstzentrierten Einbahnstraße in die Sackgassen und Hinterhöfe eines armseligen Lebens. Demgegenüber sind Menschen, die Liebe und Annahme erfuhren und zuließen, mit gesunder Selbstachtung ausgestattet. Sie haben es von daher leichter, andere zu achten und zu schätzen. Ein sich selbst liebender Mensch erkennt seinen Wert und läßt auch seine Partner und Mitmenschen gelten. Er wird ein Kompliment oder eine Anerkennung nicht abwerten, sondern annehmen und selbst genauso großzügig anderen seine Wertschätzung ausdrücken. Es fällt ihm leicht, anderen zu helfen, sie anzunehmen und Schwächere zu stützen. Sein Herz öffnet sich für jeden, den er in der Liebe Gottes annimmt und beschenken kann. Obwohl Vertrauen so zerbrechlich wie dünnes Glas sein kann, verliert er selbst bei harten Rückschlägen nicht den Glauben an Gott, an Menschen und sich selbst. Ein inneres Glück ist das „Nebenprodukt“ seiner Nächstenliebe und gleichzeitig die Würze seines Lebens. Die tragende Mitte eines zufriedenen und glücklichen Menschen ist die bestätigende Liebe Gottes, die sogar den seelischen Abwehrmechanismus der Sünde und der Schuldgefühle durchdringen dürfte. Es fällt uns tatsächlich leichter, zu vergeben, barmherzig zu sein und auf Kritik zu verzichten, wenn wir Vergebung, Barmherzigkeit und Angenommensein bereits am eigenen Leib erfahren haben. Und was geschieht mit uns, wenn wir barmherzig sind? Wir werden noch mehr Barmherzigkeit erfahren. „Freuen dürfen sich alle, die barmherzig sind; denn Gott wird auch mit ihnen barmherzig sein“ (Mt 5,7). Es lohnt sich also, in diesen wunderbaren Kreislauf einzusteigen!

Teil II

Die persönliche Attraktivität steigern

Zwölf Prinzipien

Vermutlich ist die Faszination die stärkste aller menschlichen Anziehungskräfte. Viele Menschen zerbrechen sich den Kopf darüber, warum sie bei ihren Mitmenschen nicht so ankommen wie andere. Die Frage: „Was hat sie (er), was ich nicht habe", ist sogar zum Werbeslogan für ein Parfum geworden.

Was hat sie (er), was ich nicht habe? Viele von den Dingen, nach denen wir uns sehnen, besitzen wir vom Ansatz her schon, jedoch gilt es, dies zu erkennen und Zusammenhänge besser zu verstehen. Hat man einmal einige Prinzipien klar erkannt, gilt es, sie konsequent und mit einer gewissen Ausdauer im Leben umzusetzen.

In diesem zweiten Teil des Buches wollen wir uns mit solchen Prinzipien beschäftigen, die uns helfen können, jene Qualitäten und Eigenschaften zu entwickeln, die uns zu einer anziehenden Persönlichkeit machen. Es ist einfach gut, ein Mensch zu sein, der vor allem selbst ein wertvoller Freund ist und der viele Freunde hat.

Bevor wir uns nun auf diese Prinzipien – zwölf an der Zahl – einlassen, möchte ich noch auf eine mir besonders wichtig gewordene Lebensregel eingehen, die das Denken und Handeln Jesu bestimmte. Diese Regel – ich möchte sie in den folgenden Kapiteln die „goldene Regel Jesu" nennen – wird uns dabei helfen, das „Meiner-mir-mich"-Denken im Umgang mit unseren Mitmenschen in jeder Hinsicht hinter uns zu lassen. Sie lautet: „Behandelt die Menschen so, wie ihr selbst von ihnen behandelt werden wollt" (Mt 7,12). Für die Praxis heißt das z. B.:

- Wenn Du Dir Ermutigung von anderen erhoffst, so solltest Du zunächst damit beginnen, andere zu ermutigen.
- Wenn Du Dir wünschst, daß andere freundlich lächelnd auf Dich zugehen, so sollten sie zunächst durch Deine Freundlichkeit und Deine charmante Offenheit berührt werden.

- Wenn Du möchtest, daß andere an Dich glauben, so kann das konkret für Dich heißen: Denke das Beste über Deinen Nächsten, halte viel von ihm und hebe das Positive Deines Gegenübers hervor. („Wer liebt, der gibt niemals jemand auf, in allem vertraut er und hofft er für ihn ...“ 1 Kor 13,7)

Je heiler Dein Selbstwertgefühl ist, umso leichter wird es Dir fallen, an Dein Gegenüber zu glauben und Menschen „zuvorkommend“ zu behandeln (komm ihnen einfach zuvor und setze so ein Zeichen für den Umgang miteinander). Menschen, die um ihren „unendlichen Wert“ wissen, haben nicht nur optimale Voraussetzungen dafür, viele Freunde zu gewinnen, sondern auch die Möglichkeit, diese in positiver Weise zu fördern. Warum spricht man von Menschen wie Mutter Teresa? Weil die goldene Lebensregel Jesu ihr Leben restlos bestimmt. Sie ist das Geheimnis einer magnetisch anziehenden Persönlichkeit. Jesus ließ sich von der Not anderer Menschen bewegen. In seinen Augen haben die Menschen Größe, die dafür sorgen, daß andere sich groß fühlen.

So paradox es klingt: Wenn Du Dich wohlfühlen willst, vergiß es! Sorge Dich darum, daß andere sich wohlfühlen. Du wirst nicht nur an Ausstrahlung und Anziehungskraft gewinnen, sondern auch Deinen Freundeskreis wachsen sehen. Es werden Menschen um Dich herum sein, denen Du auch einmal etwas sagen kannst, weil sie sich bei Dir einfach wohl fühlen. Es ist ja kein Geheimnis, daß die glücklichsten Menschen diejenigen sind, die ihr Leben in das anderer investieren. Deshalb lautet die Devise: Hilf anderen und behandele sie so, wie Du selbst auch behandelt werden möchtest.

*Große Menschen sind solche, die dafür sorgen,
daß andere Menschen groß werden.*

Prinzip 1: Dein Lächeln erhöht Deine Chancen

Am Anfang war das Lächeln

Welcher Menschentyp wird wohl mehr bevorzugt? Ein fröhlicher, lächelnder Mensch, oder ein ernst und verkrampft dreinschauender? Lieber Leser, das Lächeln in Deinem Gesicht ist Ausdruck Deiner inneren Lebendigkeit und Geisteshaltung und eines der wichtigsten Kontaktsignale. Schon kurz nach der Geburt beginnen kleine Babys zu lächeln und bauen so eine lebensnotwendige Verbindung zu ihren Eltern auf. Die ersten wackeligen Schritte unserer Kinder entlocken dann wiederum uns als Eltern ein stolzes Lächeln!

Leider verlieren die Kinder infolge von Ablehnung, Lebensdruck und Einschüchterung sehr schnell die Fähigkeit, Freude und Begeisterung auszudrücken. Ein Säugling lächelt uns noch völlig unbeschwert aus seinem Bettchen entgegen. Auch alte Menschen, die ein erfülltes Leben hinter sich haben, können uns selbst auf ihrem Sterbebett noch anlächeln. Doch in der Mitte unseres streßreichen, getriebenen, mit Sorgen angefüllten Lebens scheint das Lächeln abhanden gekommen zu sein – wie der Duft eines Parfums oder Rasierwassers. Der Weg von einem unschuldigen Kinderlächeln zu einem Dauerstirnrunzeln ist manchmal nur sehr kurz. Manchmal scheinen die Gesichter einer ganzen Generation verhärtet und das Lächeln ausgestorben. Viele Menschen haben wahrscheinlich Angst zu lächeln, weil sie denken, daß man

- vielleicht ihr Lächeln mißverstehen wird
- ihr Lächeln nicht erwidert
- als Naivling eingestuft werden könnte.

Wer kein freundliches Gesicht hat, sollte sich nicht unbedingt an die Rezeption setzen. Demgegenüber erwärmt uns das Lächeln einer freundlich dreinschauenden Sekretärin mindestens genauso wie eine Tasse Cappuccino. Alle Rhetoriker dieser Welt sind sich in einem Punkt einig: Wer seine Mitmenschen anlächelt und ihnen ins Gesicht schaut, kommt besser an. Ist es da noch ein Wunder, daß die erfolgreichsten Geschäftsmänner im CZW das gewinnendste Lächeln auf dem Gesicht tragen?

Lächeln ist einfach entwaffnend. Sobald Du lächelst, weiß Dein Gegenüber, daß er nicht Luft für Dich ist. Lächeln ist ein offener, dem Nächsten zugewandter Ausdruck, eine Haltung, die Achtung und Wertschätzung zum Ausdruck bringt. Zuversichtliche Menschen lächeln viel öfter, denn ihr Lächeln spiegelt ihre innere Heiterkeit wider. Vielleicht ist es Dir auch schon aufgefallen: Jedes Gesicht wird durch ein Lächeln nicht nur heller, offener, sondern auch schöner. Deine positive Geisteshaltung strahlt aus Deinen Augen und Deinem Gesicht. Lieber Leser, falls Du gar nicht mehr richtig weißt, wie man lächelt, würde ich es an Deiner Stelle gleich jetzt einmal ausprobieren!

Dale Carnegie empfahl seinen Kursteilnehmern, eine Woche lang bewußt jemanden anzulächeln und die Reaktionen zu beobachten. Ist es wirklich so schwer, „Guten Morgen, Liebling“ zu sagen und dabei auch mit seinem Gesicht zu zeigen, wie sehr man sich über seinen „Schatz“ freut? Oder seinen Nachbarn freundlich anzulächeln und ihm kraftvoll einen guten Morgen zu wünschen? Oder einem Kollegen freundlich zu begegnen und ihm zu sagen: „Das macht dir so schnell keiner nach“? Ein fester Händedruck verbunden mit einem Lächeln kann Menschen öffnen, die normalerweise völlig verschlossen sind.

Die entwaffnende Kraft des Lächelns

Bevor wir in unsere Wohnung in Wiesbaden einzogen, erzählte uns unser Vermieter, daß außer uns noch sehr viele einflußreiche Personen an der Wohnung interessiert waren. Ausschlaggebend für seine Entscheidung, die Wohnung an uns zu vermieten, sei das Lächeln meiner Tochter Janina gewesen, das ihm vierundzwanzig Stunden nachgegangen sei und ihm die Entscheidung leichter gemacht habe.

Geben uns Menschen nicht im Normalfall weit lieber Auskunft, wenn wir sie nach dem Weg fragen und sie dabei freundlich anlächeln? Der Grund ihrer positiven Reaktion liegt darin, daß sie sich durch unser Lächeln angenommen fühlen. Unser entwaffnendes Lächeln, das die Politesse veranlaßte, den Strafzettel doch nicht an die Windschutzscheibe unseres Autos zu kleben, ersparte uns auch einige Kosten. Einmal verdankte ich dem Lächeln eines Gemeindemitgliedes eine Flugumbuchung auf eine frühere Maschine und konnte so vierundzwanzig Stunden Zeit einsparen.

Jeder von uns, der Kinder hat, wird sich noch gut an jene Nächte erinnern, in denen die Kleinen zahnend durchschrien und wir am nächsten Morgen mit dunklen Augenrändern wie ein übernächtigter Oberkellner aussahen. War nicht ein Lächeln unseres Babys am nächsten Morgen ausreichend, um uns komplett für alle Mühe und Müdigkeit zu entschädigen? Die Tatsache, daß jeder Mensch auf ein Lächeln reagiert, beweist, daß dem Lächeln eine Macht innewohnt, die viel zu sehr unterschätzt wird. Redner und Verkäufer, die öfters lächeln, sind nicht nur erfolgreicher, sondern in den meisten Fällen auch beliebter. Kennst Du erfolgreiche Entertainer, Prediger mit Charisma und Esprit, die nicht lächeln?

Beobachte doch einmal bewußt Deine Mitmenschen, wenn Du sie anlächelst. Du wirst feststellen, daß vom Lächeln immer eine verzaubernde, erheiternde Wirkung ausgeht, die uns stimuliert und oftmals mehr als tausend Worte bewirkt. Es gibt wirklich nur wenige Menschen, die nicht auf uns reagieren, wenn wir ihnen mit einem Lächeln zeigen, daß wir uns für sie interessieren und sie wichtig für uns sind.

Der Psychologieprofessor James V. McConell sagte: „Menschen, die lächeln, haben als Manager, Lehrer und Verkäufer meist mehr Erfolg und sie erziehen glücklichere Kinder. Ein Lächeln erreicht mehr als ein Stirnrunzeln“.[1] Ob als Bäckereiverkäuferin im Laden oder als Kontrolleur im Zug, die meisten Menschen (weit über 95 %) werden unser Lächeln mit einem Lächeln erwidern. Und sollten die restlichen 5 % der Angelächelten Dein Lächeln nicht erwidern, so wird deswegen die Welt auch nicht untergehen.

---

[1] Zit. in: Dale Carnegie „Wie man Freunde gewinnt“, Scherz-Verlag 1994, S. 98.

Natürlich muß ich zugeben, daß es in meinem Leben oft genug Zeiten gab (und gibt), die fast dazu geführt hätten, daß ich mein Lächeln losgeworden wäre. Das Schöne aber ist, daß unser Lächeln sofort wieder an den richtigen Ort zurückkehrt, wenn wir uns nicht zu sehr vom Schmerz bestimmen lassen, sondern von den biblischen Werten der Hoffnung und Zuversicht und Liebe.

Sei gut drauf

Menschen werden nach ihrem Auftreten beurteilt. Paulus war ganz bestimmt nicht der Meinung, daß man Sorgenfalten in die Talare bügeln, aus den Gemeinden die reinsten Trauerweiden machen und gottesdienstliche Zusammenkünfte zum Versammlungsort für lange Gesichter machen sollte. Paulus, dem das Leben offensichtlich gerade in Philippi hart zusetzte, schrieb den Philippern: „Freut euch immerzu, weil ihr mit dem Herrn verbunden seid, und noch einmal sage ich: Freut euch!“ (Phil 4,4). Die Aufforderung, sich zu freuen, ist ein klarer, heilender Befehl, denn wer sich schon frühmorgens an Gott erfreut, erfährt tatsächlich eine göttliche „Transfusion“ an Freude und Kraft.

Auch wenn unsere Welt voller Nöte ist, muß kein Erwachsener mit langem Gesicht durch das Leben laufen. „Freude zeigt sich am strahlenden Gesicht ...“, heißt es in Sprüche Kapitel 15, Vers 13. In Vers 30 im gleichen Kapitel lesen wir: „Ein freundlicher Blick erfreut das Herz ...“ Jeder von uns muß eine Entscheidung treffen: Soll die Freude am Herrn oder der Frust am Leben zum Ausdruck kommen?

Was unsere Zeit so dringend braucht, sind Menschen mit einer positiven, lebensbejahenden Einstellung, denen das fröhliche Herz am Gesicht abzulesen ist. Lächeln ist der Ausdruck eines fröhlichen Herzens, und ein fröhliches Herz ist eine Sache, für die man sich täglich entscheiden kann. Erinnerst Du Dich noch daran, wie Du als Kind unbeschwert gelächelt und oft lauthals gelacht hast? Der Weg vom Dauerstirnrunzeln zum Lächeln ist gangbar. Er wird durch eine tägliche Entscheidung eingeschlagen. Gerade, weil das Lächeln aus unserer Erwachsenenwelt verschwunden ist, sollten wir dem Kind in uns erlauben, wieder zu lachen. Was ich jedem Leser empfehle? Triff eine Entscheidung und lächle mal wieder. Sag ja zum Leben und ja zur Freude, denn Dein Lächeln erhöht Deine Chancen.

Kein Mensch erscheint ungewaschen, ungekämmt und mit ungeputzten Zähnen an seinem Arbeitsplatz. Die meisten Zeitgenossen kommen zwar pünktlich und wie aus dem Ei gepellt zur Arbeit, sind aber oft ernüchternd ernst, wortfaul und zudem noch mißgelaunt. Schon morgens also kannst Du beweisen, daß Du zu den wenigen außergewöhnlich freundlich lächelnden Persönlichkeiten zählst, die unsere Gesellschaft so dringend braucht.

Was unser Lächeln bewirkt:

- Lächeln ist die erste Kontaktbrücke zum Nächsten.
- Unser Lächeln zeigt anderen, daß wir uns über sie freuen.
- Lächelnde Menschen kommen immer besser an.
- Lächeln baut Spannungen ab.
- Lächeln öffnet oftmals verschlossene Herzenstüren.
- Lächeln gibt zu erkennen, daß wir nicht zur Gruppe der griesgrämigen Pessimisten gehören.
- Lächeln wirkt entwaffnend – manchmal auch bei Politessen oder am Flugschalter.
- Lächeln zeigt unserem Gegenüber, daß er für uns nicht Luft ist.
- Lächeln ist eine Ausdrucksform anerkennender Nächstenliebe.
- Jedes Gesicht wird durch Lächeln nicht nur heller, offener, sondern auch schöner.
- Lächeln erhöht Deine Chancen, Freunde zu gewinnen.

Da Lächeln Lebensfreude erzeugt, das Leben erwärmt und Brücken baut, sollten wir es regelmäßig trainieren. Versuche einfach mal, gerade in den alltäglichen, gedankenlosen Situationen zu lächeln.

Prinzip 2: Die Zukunft gehört den Hoffnungsmachern

Warum konzentriert sich die Sympathie vieler Menschen auf einige wenige Zeitgenossen? Haben diese Menschen eine geheimnisvolle Naturbegabung oder ist das, was sie besitzen, für jeden erlernbar? Und wenn ja, was ist das Geheimnis ihres Erfolgs?

Als ich mich vor Jahren mit dem Werdegang erfolgreicher Prediger auseinandersetzte, wurde mir immer deutlicher, daß ihr Geheimnis auf zwei biblischen Werten zu beruhen schien, nämlich auf Hoffnung und auf Zuversicht. Solche Menschen wissen um das Wort der Schrift: „Werft euer Vertrauen (Zuversicht) nicht weg; denn eine große Belohnung wartet auf euch, wenn ihr treu bleibt“ (Hebr 10,35). In ihren Predigten malten alle diese Menschen Bilder der Hoffnung und der Zuversicht und sie vermittelten ununterbrochen: Es gibt eine Lösung für jedes Problem! Mit ihrer ganzen Persönlichkeit verkörperten sie einen positiven Glauben und zuversichtliches Denken, das in ihren Zuhörern erstaunliche und wertvolle Reaktionen hervorrief.

Wer kann sich schon der Faszination eines zutiefst zuversichtlichen Menschen entziehen? Viele von ihnen waren Hoffnungsträger, die einer Welt, die ständig Gefahr läuft, in Hoffnungslosigkeit und Resignation zu verfallen, Mut machten. Menschen, die Zuversicht ausstrahlten, haben gerade auch in der Politik – vor allem in besonders schwierigen Zeiten – einen großen, segensreichen Einfluß ausgeübt.

Im Leben gibt es in Sachen Zuversicht nur zwei Menschengruppen,

- diejenigen, die Zuversicht vermitteln und deren Nähe man instinktiv sucht und
- diejenigen, die Zuversicht zerstören und die man gern meidet.

Die Zuversichtszerstörer sind Menschen, die zuallererst die Negativschlagzeilen finden. Was sie lesen, füttert Tag für Tag ihren Pessimismus. Aber was tut uns wohler? Die Nähe eines Menschen, der Hoffnung und Zuversicht ausstrahlt, oder die Nähe eines pessimistischen Nörglers? Ich glaube, es war der amerikanische Pastor John C. Maxwell, der als erster darauf hinwies, daß viele Menschen an einem „Charly-Brown"-Komplex leiden. Was das ist? In einem der bekannten Charly-Brown-Cartoons waren Charly und Lucy zu sehen (wer die Serie gut kennt, der weiß, daß Charly fast alles falsch zu machen scheint, wohingegen Lucy alles „richtig" macht). In einer Sprechblase sah man Lucy zu Charly sagen: „Charly, du stehst im Schatten deiner Ziele. Du bist der 17. Fehler in Aufgabe Nr. 6. Charly, du bist ein Versager. Du hast ganz einfach das Talent, alles falsch zu machen." Jedem Leser wird schnell klar sein, daß Charlys Hauptproblem darin besteht, ständig eine Lucy um sich zu haben. Lucy ist der klassische, chronische Entmutiger, jemand mit einem selektiven Blick für das Negative.

Lieber Leser, hast Du vielleicht auch eine „Lucy" oder einen „Lucifix" in Deiner Nähe? Wehren wir uns doch gegen die machtergreifende Kraft pessimistischer Zuversichtskiller, indem wir uns mit mehr Leuten umgeben, die uns Zuversicht vermitteln. Solltest Du bei näherer Betrachtung gewisse „Lucy"-Tendenzen in Dir selbst wahrnehmen, so erkläre ihnen auf der Stelle den Krieg.

Zuversicht in Gott

Jeder von uns geht im Laufe seines Lebens durch Nöte und Lebensprüfungen, und wir fragen uns von Zeit zu Zeit: Gott, bist du wirklich noch da? Wenn in einer solchen empfindlichen Lebensphase ein Zuversichtskiller unseren Weg kreuzt, ist unsere Zuversicht in Gefahr, wie ein dünnes Stück Streichholz zu zerbrechen. Da es uns jedoch um die Frage geht, was uns zu einer gewinnenden Persönlichkeit verhilft, müssen wir nach Vorbildern Ausschau halten, die uns echte Zuversicht vorgelebt haben. Lassen wir uns anhand einiger biblischer Personen verdeutlichen, wie man an seiner Zuversicht in Gott festhalten und die Lucys dieser Welt einfach links liegen lassen kann.

Beispiel Nehemia

Lucy: „Nehemia, du bist doch nur ein kleiner Barkeeper am königlichen Hof. Daß du etwas vom Drinks mixen verstehst, weiß

ich. Aber ausgerechnet du willst die Mauern Jerusalems mitten im Feindesland hochziehen?"
Nehemia: „Ja, Gottes Plan ist mir immer deutlicher geworden; ich will nicht nur, ich werde und ich kann es auch."
Lucy: „Ja, aber du hast doch von Architektur keine Ahnung. Glaubst du nicht, daß Gottes Pläne auf das persische Städtebauamt gehören?"

Beispiel Mose

Lucy: „Mose, du bist in Sachen Wüste ja schon etwas bewandert; eigentlich kann man dich fast als alten Wüstenfuchs bezeichnen. Aber inzwischen hast du immerhin das stattliche Alter von achtzig Jahren erreicht. Bist du sicher, daß du wirklich das Drei-Millionen-Volk durch die Wüste führen willst?"
Mose: „Ja, ich will, ich kann, ich muß – denn der ‚Ich bin, der ich bin' hat zu mir gesprochen."
Lucy: „Ja, aber schau dir doch den Pharao an. Hast du daran gedacht, was er für ein Persönlichkeitsprofil hat? Hast du vergessen, daß deine Gelenke schon knirschen?"

Beispiel Abraham

Lucy: „Hallo, Sarah, bist du nicht schon neunzig Jahre alt und dein Mann so alt wie Methusalem? Trotzdem hörte ich ihn neulich sagen, daß ihr bald ein eigenes Kind bekommen werdet. Ist das wahr?"
Sarah: „Ja, das ist richtig. Er hat gesagt: ‚Wenn Gott es uns versprochen hat, dann hält er es auch'."
Lucy: „Ja, aber jeder Arzt wird Dir rein biologisch beweisen, daß man mit neunzig unmöglich noch ein Kind zur Welt bringen kann."

Worte wie „ja, aber", „unmöglich" oder „du kannst es nicht" gehören fest zum Wortschatz der Zuversichtskiller, die damit schon manches wichtige Projekt zu Fall gebracht haben. Sie sind Ausdruck von blühendem Unglauben und Denken in sehr engen Grenzen. Nehemia, Mose und Abraham hatten eines gemeinsam: Sie orientierten sich nicht an den Zuversichtskillern ihrer Zeit, weil sie erkannt hatten, daß diese Art von Philosophie mindestens so ansteckend wie Masern im Kindergarten ist. Sie wußten, daß jemand, der pessimistisches „Ja-aber"-Denken praktiziert, durchaus mit jemandem zu vergleichen ist, der vor seinem Haus eine Attrappe eines furchterregenden Wachhundes aufstellt und sich selbst nach einiger Zeit nicht mehr traut, aus dem Haus zu gehen. Da sie ihre Zuversicht nicht weggeworfen hatten, konnten sie in Gottes Zusagen ruhen, so daß ihr „ich kann" enorme Durchschlagskraft bekam. Nehemia zog die Mauern Jerusalems in einer Rekordzeit von zweiundfünfzig Tagen hoch, weil er ganz auf die Zuversicht in Gott baute.

Die Zuversicht eines Mose brachte einem Volk letzten Endes die Freiheit. Mose war ein großer Zuversichtsvermittler, denn er machte dem Volk Israel immer wieder Hoffnung auf ein Land, in dem nach Gottes Beschreibung Milch und Honig fließen. Zuversichtsvermittler wie Mose haben viele Sympathien im Volk.

Die zuversichtlichen Worte eines Abraham „Wir werden noch Nachkommen haben" führten zur Geburt des Volkes Israel. Selbst ein David – um bei den alttestamentlichen Gestalten zu bleiben – verstand es, seine von Feinden und Widersachern oftmals angeschlagene Seele mit Zuversicht in Gott zu therapieren. Die Spannkraft seines intensiven Lebens verdankt er seiner Zuversicht in Gott, die wir in so vielen ermutigenden Psalmen nachvollziehen können.

Das kleine Mädchen, das im Spiel vor seinem Vater in einem großen Park davonläuft, wagt die Schritte in ein unbekanntes Gelände, weil es den Vater hinter sich weiß, der ihm nachschaut. Und das gibt ihr die nötige Zuversicht, ihre eigenen Grenzen mutig zu überschreiten. Bei Erwachsenen ist es nicht anders. Sie können zuversichtlichere Glaubensschritte machen, wenn sie wissen, daß ihr himmlischer Vater hinter ihnen steht. Ich habe bei mir selbst festgestellt, daß ich mir immer größere Schritte zutraue, da meine Zuversicht in meinen himmlischen Vater gewachsen ist.

Die „Ja-aber“-Haltung auflösen

Als ich vor Monaten einem Pastor von unseren neuen Gemeinderäumen vorschwärmte, fragte er sofort nach den finanziellen Risiken. Ich erklärte ihm, daß ich gerade mit einem Ältesten einen Mietvertrag unterschrieben hatte, der die Gemeinde vor die monatliche Dauerbelastung von etwa 20 000 DM stellt. „Ja, aber ihr habt doch noch keinen Nachmieter für die alten Räume. Was ist, wenn ihr eure alten Räume, an die ihr laut Vertrag noch drei Jahre gebunden seid, in dieser Zeit der Rezession nicht loswerdet und monatlich zusätzlich noch DM 12 000 dafür zu zahlen habt?“ Ich gab ihm zur Antwort: „Ich bin zuversichtlich, denn wir haben motivierte Gemeindeglieder und obendrein eine klare innere Zusage von Gott.“ „Ja, aber woher nimmst du dann noch die 200 000 DM für den Umbau?“, ging es weiter.

Unterhält sich ein pessimistisch veranlagter Mensch mit einer zuversichtlichen Person, so tauchen immer wieder – und zwar reflexartig – die Worte „ja, aber“ auf. Wenn man z. B. als Seelsorger einem Ratsuchenden einen Vorschlag unterbreitet, so lautet die Antwort oftmals prompt: „Ja, aber ich habe es doch schon versucht, bei mir klappt das nicht!“

Solltest Du an dieser „Ja-aber“-Gewohnheit leiden, so erkläre ihr den Krieg. Statt „ja, aber“ zu sagen, sollten wir uns lieber auf die Zunge beißen und uns im Geist ganz schnell vergegenwärtigen, daß Zuversicht eine große Belohnung hat. Der Zuversichtliche sagt: „Gott ist auf meiner Seite. Wer kann mir dann noch etwas anhaben? Ich will, ich kann, ich werde“ (nach Röm 8,31).

Zuversicht und Hoffnung in sich selbst aufbauen

Vielleicht kennst auch Du die alte Fabel von den zwei Fröschen, die in einen Sahnekübel fielen, aus dem sie nicht mehr herausklettern konnten. Der eine – offensichtlich ein Pessimist – stellte fest, daß es aus dem Eimer kein Entrinnen mehr gab. Für ihn war die Lage hoffnungslos. Er gab schließlich auf und ertrank. Der zweite Frosch, der etwas mehr Zuversicht im Herzen hatte, strampelte in einem fort. Immer wieder sagte er sich: „Ich muß es schaffen. Irgendwie werde ich es schaffen!“ Durch sein ausdauerndes Strampeln wurde schließlich unter seinen Froschbeinchen die Sahne zu fester Butter. Nun hatte er genug Halt für den befreienden Sprung nach draußen. „Puh, geschafft", sagte er und sprang erschöpft ins Freie.

Diese schöne Geschichte beweist uns erneut, wie wahr der Satz ist: „Werft euer Vertrauen (Zuversicht) nicht weg; denn eine große Belohnung wartet auf euch, wenn ihr treu bleibt" (Hebr 10,35). Er lehrt uns aber auch, daß derjenige, der seine Zuversicht wegwirft, sehr schnell in seinen Problemen ertrinkt.

Zuversicht in sich selbst ist eigentlich nichts anderes als Selbstvertrauen. Ohne Selbstvertrauen werden wir zu kraftlosen, schwachen, besiegten und resignierenden „Charly-Brown"-Typen ohne Anziehungskraft auf unsere Umwelt. Entwickle Deine Zuversicht in Dich selbst beständig weiter,

- indem Du Schluß machst mit den ewigen Selbsterniedrigungen.
- indem Du Dich annimmst, denn Gott hat Dich auch angenommen.
- indem Du Deine Stärken akzeptierst und ausbaust.
- indem Du die „Ja-aber"-Haltung auflöst.
- indem Du den Lucys dieser Welt nicht allzuviel Aufmerksamkeit schenkst.

Zuversicht in anderen Menschen wecken

Durch die Zuversicht anderer in uns werden wir innerlich genauso angesprochen wie durch Liebe. Wir öffnen uns für die Zuversichtsvermittler, lassen ihre Worte und ihren Einfluß auf uns einwirken, weil wir die erbauende und wohltuende Kraft der Hoffnung spüren, die von ihnen ausgeht. Große Menschen sind immer diejenigen, die uns durch Zuversicht ein inneres Gefühl von „Wertvollsein" vermitteln. In ihrer Nähe sind wir gern, denn wir fühlen uns nicht nur angenommen, sondern auch gleich drei Zentimeter größer. Wir haben einfach den Eindruck, „mehr" zu sein, wenn sie bei uns sind.

Jesus hatte wie kein anderer diese wunderbare, unwiderstehliche Anziehungskraft, die Menschen veranlaßte, sich bei ihm wieder wohlzufühlen. Er setzte Zuversicht in einen von der Gesellschaft abgeschriebenen kleinwüchsigen, betrügerischen Zöllner, den er glücklich machte, indem er ihm zeigte, daß gerade er für ihn wichtig war. Jesu Zuversicht wurde auch bei der Ehebrecherin deutlich, die eben noch gesteinigt werden sollte. Er rettete nicht nur ihr Leben mit seiner Weisheit, sondern er rehabilitierte sie, indem er zum Ausdruck brachte, daß er sie nicht verurteilte. Ich stelle mir vor, wie die Augen dieser Frau leuchteten; sie konnte sicher gar nicht mehr anders, sie muß Jesus von dem Zeitpunkt an geliebt haben, wie sie wahrscheinlich vorher nie einen Menschen geliebt hatte.

Petrus hatte etwas von einem „Wendehals" und war mit Sicherheit von den Zwölfen der instabilste. Trotzdem sagte Jesus eines Tages zu ihm: „Petrus, du bist der Fels, auf den ich meine Gemeinde bauen will." Wie wird sich Petrus in diesem Augenblick gefühlt haben?

Jeder, der mit seiner Schuld zu kämpfen hat, aber mit seiner ganzen Zuversicht zu Jesus kommt, erfährt ähnliches. Jesus belohnt ihn durch seine Vergebung, aber nicht nur das: Er richtet uns innerlich wieder auf und gibt uns neuen Halt. Das ist es auch, was uns immer wieder seine Nähe suchen läßt, so wie in den biblischen Zeiten all die Randfiguren, die sich in seiner Nähe so wohlfühlten.

Bei Jesus sehen wir die Tiefendimension der Zuversicht am deutlichsten. Seine Zuversicht in den himmlischen Vater sowie in die Menschen um ihn herum war mit Sicherheit Teil des Geheimnisses seiner anziehenden Wirkung. Eine Lebenseinstellung, die von Zuversicht und Hoffnung gekennzeichnet ist, wirkt nicht nur wohltuend, entspannend und begeisternd auf uns selbst, sondern auch mitreißend und ansteckend auf unsere Mitmenschen. Das bringt uns wieder zu der goldenen Regel Jesu: „Behandelt die Menschen so, wie ihr selbst von ihnen behandelt werden wollt."

Wer Zuversicht in Menschen hat, wird schon bald wie Jesus von Menschen umringt sein, die ihn lieben. Das ist die Belohnung der Zuversicht. Wer Zuversicht in seine Kinder hineininvestiert, wird selbstbewußte Kinder großziehen, die ebenso wieder Kraft ausstrahlen. Ich habe mir vorgenommen, dass jeder, der in mein Büro kommt, anders hinausgeht, als er hineingekommen ist, und zwar mit Zuversicht. Mein Ziel ist es, daß jeder, der unsere Gottesdienste besucht, anders wieder nach Hause fährt – und zwar zuversichtlicher.

Als Gemeindeleiter ist für mich deutlich geworden, daß für Gemeindewachstum und immer wieder neu entstehende Dienstzweige das Vertrauen in die Mitarbeiter Voraussetzung ist. Deshalb vertraue ich unseren Mitarbeitern, und ich spüre, daß auch sie ihr Vertrauen in mich setzen. Menschen, denen man vertraut und denen man viel zutraut, werden selbst zuversichtlicher und geben das auch großzügig weiter.

Als Pastor, der sich bemüht, Menschen Mut und Hoffnung auf ihrem Weg mit Gott zu machen, habe ich herausgefunden, daß es keinen Wert hat, sich als geistlicher Übermensch zu präsentieren (der man ohnehin nicht ist). Vielmehr werden Menschen durch die Feststellung ermutigt, daß auch ich ein unvollkommener Mensch bin, der wie sie in irgendwelche Fettnäpfchen hineintrampelt. Wenn ich gelegentlich humorvoll einen Mißerfolg ausmale, über den alle lachen, so merken sie, daß wir im gleichen Boot sitzen und dasselbe Ufer erreichen wollen. Das macht ihnen wieder Hoffnung, mir auch in den geistlichen Lektionen und Regeln folgen zu können, die ich zu vermitteln suche.

Zuversicht wirkt nicht nur heilend, sie ist auch ein geistlicher „Entwicklungsbeschleuniger", denn sie bestärkt in uns die besseren Kräfte. Menschen leben ungern von düsteren Prognosen, sondern von der Zuversicht, die wir vermitteln. Menschen öffnen sich für Dich, wenn sie die erbauende, wohltuende Kraft der Zuversicht spüren, die Du in sie gesetzt hast. Darüber hinaus wird nur ein zuversichtlicher Mensch immer wieder neue Kontakte aufbauen und Freunde gewinnen können. Deshalb gehört die Zukunft auch den zuversichtlichen Hoffnungsvermittlern.

Wichtige Gedanken, die ich mir einprägen will:

1. ______________________________

2. ______________________________

3. ______________________________

4. ______________________________

Angestrebte Verhaltensänderungen im Umgang mit anderen:

1. ______________________________

2. ______________________________

3. ______________________________

4. ______________________________

Meine persönliche Zielsetzung für praktische Veränderungen:

1. ______________________________

2. ______________________________

3. ______________________________

4. ______________________________

Prinzip 3: Lob und Ermutigung – Vitamine für die Seele

Vor Jahren kaufte ich einen Staubsauger für unsere erste Gemeinde. Besonders angetan war ich damals von einem Modell: einem Staubsauger, der sprechen konnte. Jedesmal, wenn Fehler auftraten, sagte er beispielsweise: „Der Sauganśatz ist verstopft“ oder „die Klappe ist nicht richtig verschlossen“ oder „höhere Saugkraft einstellen“ und natürlich auch „bitte den Beutel wechseln“, usw. Obwohl ich mich bemühte, auf ihn einzugehen, ermahnte er mich ständig. Weißt Du, was ich nie von diesem elektronischen Wunderwerk zu hören bekam? „Hallo, Andreas, heute siehst du aber wirklich blendend aus! Es macht Spaß, mit dir zusammen zu arbeiten.“ Oder ganz einfach: „Ich liebe dich! Deine Predigt war super.“

Auf vielen Konferenzen habe ich inzwischen Tausende von Menschen folgendes gefragt: „Wer von Ihnen schon einmal das Gefühl gehabt hat, zu stark anerkannt worden zu sein, der hebe doch einmal kurz die Hand.“ Unter dreihundert Zuhörern gehen vielleicht ein bis zwei Hände in die Höhe. Ich stelle dann die nächsten Fragen: „Wer von Ihnen hat das Gefühl, zu stark bestätigt worden zu sein? Wer von Ihnen hat eine Überdosis an Lob bekommen?“ Nach diesen Fragen hebt höchstenfalls nur noch einer die Hand. Wer von uns ist zuviel geliebt worden? Sicherlich kannst Du Dir die Frage schon selbst beantworten. Von den zahllosen Menschen, denen ich diese Frage stellte, hob kein einziger die Hand. Daraus schließe ich, daß die meisten Menschen an Lob und Bestätigung eher Mangel leiden.

Jeder möchte gefragt sein, möchte, daß man seinen Ideen lauscht und wünscht sich, daß seine Mitmenschen ihn bewundern. Viele Erwachsene verhalten sich wie der siebenjährige Junge, der in der Schule ständig den Arm hebt und sagt: „Hallo, Herr Lehrer, ich weiß was.“ Natürlich gibt es auch unter denen rühmliche Ausnahmen, zu denen wir uns selber nur zu gerne rechnen.

Wie die Welt ermutigt

In unserer deutschen Kultur gibt es irgendeine Art von Anerkennung meist erst auf dem Friedhof. Dann aber wird sie so dick aufgetragen, daß man meinen könnte, es lägen drei Personen im Grab. Das in kalten Marmor eingravierte Lob kommt leider zwanzig Jahre zu spät.

Ein Mann, dessen Frau gestorben war, brach in Tränen aus. Er sagte: „Meine Frau war ein so wunderbarer Mensch. Sie hätte so viel Anerkennung verdient – doch jetzt ist es zu spät. Das ganze Jahr hat sie sich ein besonderes Kleid gewünscht. Warum habe ich es ihr nur verweigert? Ich werde es ihr jetzt kaufen." Leider kam auch in diesem Fall das Kompliment (in Kleidform) zu spät, denn die Frau, die in diesem Kleid zu Grabe getragen wurde, hatte nichts mehr davon.

Kommen wir zu einem weiteren Beispiel, wie Ermutigung in der Welt aussieht. Einen „guten" Abend wünscht uns der Nachrichtensprecher. Das klingt ermutigend und verheißungsvoll. Doch das war's dann schon, denn in den anschließenden fünfzehn Minuten geht es dem „guten" Abend gründlich an den Kragen. Ganz im Gegensatz dazu heißt es in Sprüche, Kapitel 15, Vers 30: „Ein freundlicher Blick erfreut das Herz, und eine gute Nachricht stärkt die Glieder."

Die Kraft der Ermutigung durch Gott

Hier nur eine kurze, wahre Begebenheit, die ich sehr liebe. Es geschah eines Abends, als das Pariser Opernhaus sich mit elegant angezogenen Damen und wie aus dem Ei gepellten Herren füllte. Manche von den Gästen waren wie Pfingstochsen aufgedonnert, denn ein berühmter Sänger sollte an jenem Abend singen. Der Saal war berstend voll, als sich der Vorhang hob. Aber statt des erwarteten Sängers kam der Veranstalter ans Mikrofon. „Es tut mir leid, Ihnen mitteilen zu müssen, daß der Künstler heute abend aus gesundheitlichen Gründen nicht auftreten kann. Ein anderer Sänger wird für ihn einspringen." Obwohl der Veranstalter den Namen des Vertreters nannte, reagierte das Publikum enttäuscht und verärgert. Ein schwerer Einstieg für unseren Ersatzsänger, dem das Gefühlsleben von Hunderten von Tiefkühltruhen entgegenschlug. Obwohl ihm das Herz klopfte und seine Kehle wie zugeschnürt war, gab der Unbekannte sein Allerbestes und zog alle Register seines Könnens. Als er schließlich das Ende seines

Repertoires erreicht hatte, war kein Applaus zu hören. Das Publikum blieb mucksmäuschenstill und zeigte keinerlei Regung. Die Spannung im Raum stieg – man hätte eine Stecknadel fallen hören können. Plötzlich erhob sich ein kleiner Junge auf einem der hinteren Balkons: „Papa, ich denke, du warst wunderbar!" Dieser Satz löste einen tosenden Beifall aus. Das Lob des kleinen Jungen katapultierte die festsitzende Anerkennung des Publikums wie einen Champagnerkorken nach vorn auf die Bühne und brach den Damm der angestauten Gefühle.

Worin findest Du Deine innere Sicherheit? Worin Dein Selbstwertgefühl? Im Gegensatz zu meinem sprechenden Staubsauger (er wurde übrigens durch einen nichtsprechenden ersetzt) und einer ablehnenden Menschheit ist der Heilige Geist eine Person, die mich immer wieder anfeuert und anspornt, das zu werden, was ich sein könnte. Wie der kleine Junge sagt er mir in Gebetszeiten immer wieder: „Andreas, du kannst es! Andreas, ich denke, du warst wunderbar." Es gibt Tage, an denen ich mich so geliebt und von Gott angenommen fühle, daß mich nur mein gesunder Menschenverstand daran hindert, vom Boden abzuheben. An solchen Tagen schmettert man wie ein Verliebter Badezimmerarien.

So viele von uns hadern zum Beispiel mit ihrer Figur. Auch hier sagt Gott einem jeden: „Ich mag dich so, wie du bist – ob mit Taillenweite 71 oder 95. Ich liebe dich so sehr, daß ich für dich. mein ein und alles gab – meinen Sohn." Eigentlich ist es doch egal, mit welcher Taillenweite wir diese Welt verlassen, wichtig ist nur, daß wir in den Armen des größten Ermutigers landen, der Jesus heißt.

Es war niemals sein Bestreben, Moralapostel auszubilden – er wollte ganz einfach Apostel der Liebe. Aus diesem Grund habe ich vor einigen Jahren beschlossen, in erster Linie „Aufbaupredigten" und keine „Runterzieh-Predigten" mehr zu halten, um Menschen zu motivieren und die Schwachen zu stärken. „Freundliche Worte sind wie Honig: süß für den Gaumen und gesund für den ganzen Körper" (Spr 16,24). Kein Vogel der Welt ist in der Lage zu verstehen, was in diesem Satz geschrieben steht, jedoch scheint jeder von ihnen danach zu leben. Selbst die Natur ist positiv eingestellt, denn alle Vögel singen in Dur und nicht in Moll.

Bevor Josua das Land voll Milch und Honig einnahm, wurde er in wunderbarer Weise durch Gott ermutigt. In Josua Kapitel 1, Vers 5 heißt es: „Kein Feind wird sich gegen dich behaupten können; denn ich werde dir dein Leben lang zur Seite stehen, genauso wie ich es bei Mose getan habe. Niemals werde ich dir meine Hilfe entziehen, nie dich im Stich lassen." Vers 6: *„Sei tapfer und entschlossen!* Unter *deiner* Führung soll dieses Volk das Land in Besitz nehmen, das ich ihren Vorfahren mit einem Eid zugesagt habe." Gott wiederholt in Vers 7 diesen Zuspruch nochmals in einer gesteigerten Form: „Halte dich mutig und unbeirrbar an das, was mein Diener Mose gesagt hat." In Vers 9 nimmt die Steigerung noch zu: „Sei tapfer und entschlossen! Laß dich durch nichts erschrecken und verliere nie den Mut; denn ich, der Herr, dein Gott, bin bei dir, wohin du auch gehst."

In unserem Textabschnitt motiviert Gott seine Kinder – insbesondere die Leiter –, tapfer und entschlossen zu sein. Warum ermutigt uns Gott in dieser Form immer wieder? Weil es so viele entmutigte, frustrierte „Ich-kann-es-nicht"-Menschen gibt, die seinen *„Du-kannst-es"-Zuspruch* dringend brauchen und weil es tatsächlich einige Straßensperren auf unserem Weg zum Ziel gibt, oftmals sogar mit religiösem Anstrich. Menschen wollen Leiter bremsen: „Bitte, nicht so laut! Bitte, nicht so lustig in der Kirche! Bitte, bloß nicht so wachstumsorientiert! Bitte, nicht so kompromißlos! Bitte, doch nicht so zielorientiert!"

Auf der anderen Seite ist es eine Tragödie, daß sich so viele Menschen falsch einschätzen, sich ihrer Talente und Fähigkeiten nicht bewußt sind und völlig unbegründet an Minderwertigkeitskomplexen leiden. Genau aus diesem Grund ermutigt uns Gott mit den Worten: *„Sei tapfer und entschlossen. Du schaffst es!"* Dieser Zuspruch hat mich schon oft aufgebaut, belebt und erfrischt und mir geholfen, über meine „Ich-kann-nicht"-Grenzen hinauszuwachsen.

- Gerade in spannenden Zeiten, wo wir angsterfüllt und an uns zweifelnd mit unserem Puls um die Wette laufen, sagt Gott: *„Du schaffst es!"*

- Gerade in Zeiten, wenn man von uns erwartet, das Fähnlein der Anpassung nach dem Wind zu drehen und mit den Wölfen zu heulen, sagt Gott: *„Du schaffst es, Nein zu sagen."*

Übertrag doch gerade diesen göttlichen Zuspruch auf die Dienstbereiche, in denen Du Dich engagierst.

„Es muß nicht Brot sein, wovon der Mensch lebt", sagte Jesus und fügte hinzu: „er kann von jedem Wort leben, das Gott spricht." Dies ist eine unbestrittene Tatsache, denn es gibt an die 365 „Fürchte-dich-nicht"- oder „Sorge-dich-nicht"-Bibelverse. Ist unser Gott nicht ein großer Ermutiger? Und bleiben wir nicht gerade dann an seinen Lippen hängen, wenn wir unsicher werden? Auch die Menschen um Dich herum leben nicht allein von Bäckers Brötchen, sondern auch von Deiner ehrlichen Anerkennung, Deinem Lob und Zuspruch.

Der Mensch blüht auf, wenn er beachtet wird,
und etwas in ihm welkt und stirbt ab,
wenn er keine Zuwendung erhält.

Was nützt es unseren Mitmenschen, wenn wir fünf Fremdsprachen fließend sprechen, aber anerkennende oder lobende Worte in unserem Vokabular nicht vorkommen? Als Pastor oder Hauskreisleiter bemüht man sich um eine geistlich ausbalancierte Kost. Man serviert geistliche Steaks in Form von geistlichen Prinzipien, Regeln, Werten, usw. Dabei tritt oft ganz in den Hintergrund, anerkennende Worte im Sinne Gottes auszusprechen, die noch lange in den Herzen der Zuhörer weiterklingen und sie zur Nachahmung bewegen.

Warum haben wir solche Schwierigkeiten, unsere Artgenossen ehrlich anzuerkennen und durch ein Lob zu bestätigen?

- Einem Menschen, dem es schwerfällt, Komplimente anzunehmen, wird es noch schwerer fallen, Komplimente zu machen.
- Ein Mensch, der seine Bedürfnisse verleugnet, wird auch die Bedürfnisse seiner Mitmenschen (z. B. nach Lob und Anerkennung) zumindest in seinem Verhalten verleugnen.

- Ein Mensch, der sich selbst nicht leiden kann, wird wohl kaum seinen Nächsten bestätigen, erbauen und in seinem Selbstwertgefühl bestärken.

Die Fähigkeit, aufrichtig zu ermutigen, setzt voraus, daß Du eine innerlich gefestigte, zunehmend selbstbewußte Persönlichkeit wirst, indem Du Gottes liebevollen Zuspruch sowie den von Menschen annimmst.

Menschen mit Minderwertigkeitsgefühlen wollen und können kaum loben. Als Minderwertigkeitsopfer bekämpfen wir alle unsere Minderwertigkeit, indem wir andere abwerten (z. B. durch Kritik bzw. fehlendes Lob), um uns innerlich aufzuwerten.

Keiner wird groß, der andere verachtet

Wer andere kritisiert, verschlechtert letztlich immer seine eigene Position, derjenige aber, der andere anerkennt, verbessert sie. Wer aber kann mit Geduld und langem Atem andere so sein lassen, wie sie sind? Wer bringt es fertig, andere ehrlich anzuerkennen, ohne Angst zu haben, daß ihm selbst dabei etwas abgeht? Du kannst hinschauen, wohin Du willst: Ermutigung geht immer von einer stabilen Persönlichkeit aus, die um ihren eigenen Wert weiß. Zu einer solchen Persönlichkeit werden wir weder durch Geld, noch durch Rollenzuschreibung, Status oder Position.

Menschen, die um ihren eigenen Wert wissen und die auf viele andere einen positiven Einfluß ausüben, verdanken ihre Qualitäten primär einem Grund: Sie wußten sich geliebt und angenommen, darum war es für sie kein Problem, in einer dienenden Haltung zurückzutreten und so das Vertrauen von Menschen zu gewinnen. Ihre Einflußsphäre entstand auf der Grundlage ihrer Nächstenliebe. Und die machte sie ausreichend feinfühlig, positive Eigenschaften in anderen Menschen zu entdecken, ja sogar zu wecken.

Solche Menschen leben nach der goldenen Regel Jesu: Behandelt die Menschen so, wie ihr selbst von ihnen behandelt werden wollt und sie erleben: „schenkt, dann wird Gott euch schenken“ (Lk 6,38) und „… wer mit vollen Händen sät, auf den wartet eine reiche Ernte“ (2 Kor 9,6).

Aufrichtiges Lob kommt aus menschlicher Größe

Nicht nur Eheberater, Therapeuten und Psychologen, sondern auch Anthropologen, Soziologen und Theologen bringen immer wieder zum Ausdruck, daß bestärkende Liebe erlernbar ist. Ist es nicht gerade die Liebe, die uns Menschen stärker aufwertet als ein politisches System oder eine Ideologie? Was in der Welt sollte uns also daran hindern, diese bestärkende, ermutigende Liebe zu lernen?

Vielleicht tragen wir das tiefe Verlangen, für irgend jemand von Bedeutung zu sein, deshalb in uns, weil jeder von uns – nüchtern betrachtet – nur ein Krümel der Unendlichkeit ist. Genau hier müssen wir noch einmal ansetzen.

Bevor wir uns jedoch noch intensiver mit dem Thema „Ermutigung und Lob“ befassen, möchte ich zwei Beobachtungen festhalten, die für unser Thema von Bedeutung sind.

1. Mir scheint, daß die Menschen in unserem Volk immer weniger bereit sind zu loben, geschweige denn großzügiger mit echter Anerkennung umzugehen. Das hat schlimme Folgen: Die Menschen sterben heute an Nichtbeachtung, weil Ermutigungen so knapp geworden sind.
2. An einer Großzahl der Menschen tropfen Liebe und Komplimente wie Wasser an einem Fischotter ab. Der Grund dafür sind oft auch die Komplimente selbst.

Schöne Worte mit Widerhaken

Wir alle kennen sie, die freundlichen Redensarten mit dem großen Widerhaken. Manchmal transportiert der Satz: „Schatz, ich hab’ dich lieb“ nur den versteckten Wunsch nach sexuellem Entgegenkommen. Unversehens stehen statt der Bedürfnisse und Wünsche meines Partners meine eigenen im Zentrum des Kompliments.

Jedes Mal, wenn ein Flugzeug gelandet ist, hören die Fluggäste die freundlichen Sätze: „Vielen Dank, daß Sie mit *Air anyway* geflogen sind. Wir würden uns freuen, Sie bald wieder an Bord unserer Maschinen begrüßen zu dürfen.“ Auch hier –

schöne Worte, die aber letztlich nur dazu dienen, die Treue der Kundschaft zu erhalten.

Als ich vor Jahren durch einige Staaten der USA reiste und in verschiedenen Restaurants aß, begegneten mir immer wieder freundliche Bedienungen, die mir zulächelten und sagten: „You are welcome.“ Damals kam ich mir wirklich willkommen geheißen vor, denn mit so freundlichen Worten und Gesichtern war ich in Deutschland wirklich nicht verwöhnt worden. Ich sonnte mich in meinem erfahrenen Glück und war tatsächlich immer wieder davon beeindruckt, bis zu dem Tag, an dem mir ein Freund erklärte, daß dieser Ausdruck nur eine Standardfloskel sei und nichts anderes als „bitteschön“ bedeutet. Seitdem bewegen diese Worte mich leider nicht mehr so wie früher, obwohl ich ehrlich gesagt die Freundlichkeit der Leute „drüben“ immer noch als sehr wohltuend empfinde.

Schöne Worte mit Widerhaken sind letztlich eine richtige Gemeinheit. Nichts entmutigt mehr als eine oberflächliche, rein „geschäftliche Ermutigung“, die jemand nur von sich gibt, weil er sich davon einen Vorteil verspricht oder weil es seine Pflicht ist. Statt Herzenstüren zu öffnen, verschließt er sie, denn seine Worte sind ungefähr so hilfreich und heilsam wie Aspirin für einen Dickdarmtumor.

Vitamine für die Kinder

> *„Eine Ente ruderte einmal den ganzen Tag auf ihrem See herum und suchte vergeblich nach einem Fisch. Als der Abend kam, ging der Mond auf, und sein Spiegelbild schwamm auf dem Wasser. Noch immer suchte die Ente müde und hungrig im Schilf nach Futter. Sie sah das Spiegelbild des Mondes, glaubte, es sei ein silbrigglänzender Fisch, und tauchte danach. Einige andere Enten hatten gesehen, wie ihre Gefährtin nach dem Mond tauchte, und bald lachten alle Bewohner des Sees über die Ente, die den Mond hatte fangen wollen. Darüber schämte sich die arme Ente so sehr, daß sie nicht mehr wagte, noch einmal nach Futter zu tauchen, auch wenn die Fische im Wasser*

neben ihr vorüberglitten, aus Angst, alle anderen Enten würden wieder über sie lachen.

So wurde sie schwächer und schwächer, und nach ein paar Tagen starb sie vor Hunger, mitten in einem See voller Fische.“ [1]

Wie abhängig wir von der Meinung anderer sind, zeigt auch folgende Begebenheit. Ein Freund von mir berichtete, daß seine Tochter eines Tages heulend nach Hause kam. „Was ist mit dir denn los?“ fragte sie der Vater. „Das blöde Kleid, ich ziehe es nie mehr an. Nie mehr!“ schrie sie empört. „Warum nicht?“ wollte der Vater wissen. Antwort: „Weil es blöd ist. Alle sagen, daß es blöd ist! Der Lehrer, die Kinder in der Klasse, alle.“ Selbst mit den ausgeklügelsten Tricks konnten die Eltern ihre Tochter nicht mehr dazu bringen, jemals wieder dieses Kleid anzuziehen. Als Erzieher und Lehrer sollten wir uns bewußt machen, wieviel Gewicht unsere Worte haben. Worte wie: „Mensch, heute hast du aber ein ausgesprochen hübsches Kleid an. So etwas habe ich noch nie an dir gesehen. Du siehst phantastisch aus!“ werden vielleicht bewirken, daß das Kind das Kleid immer wieder anziehen möchte, damit der Lehrer es sieht.

Persönlichkeitsblocker für die Kleinen

- Du bist doch schon so dick, warum mußt du noch essen wie ein Pferd?
- Es ist doch so einfach, warum kannst du das nicht kapieren?
- Ich kann es nicht glauben, daß du es geschafft hast!
- Du bist genauso blöd oder unordentlich wie deine Tante Erna.
- Mensch, du bist die reinste Nervensäge!
- Bei dir ist Hopfen und Malz verloren!
- Du freches, unmögliches Kind! Du bringst mich noch ins Grab.
- Sieh nur, was du uns antust!
- Laß mich in Ruhe, du nervst mich!

---

[1] aus: Leo Tolstoi, „Die Ente, die den Mond fangen wollte“

Mit solchen gedankenlosen, gereizten oder frustrierten Formulierungen wird ein Großteil der Kinder auf Minderwertigkeit programmiert. Der Schaden ist weit dramatischer, als sich die lieben Erwachsenen träumen lassen. Viele dieser negativ programmierten Kinder befinden sich mittlerweile auf der Sonderschule, brechen später nicht selten ihre Ausbildung ab und sind oft sogar in ihren Beziehungen hochgradig gestört.

Wie ein Künstler, der einen Pinsel zur Hand nimmt, malen Eltern und Autoritätspersonen mit ihren Worten das Paradies oder die Hölle, in der ihre Kinder leben oder innerlich sterben werden. Traurige Kinder bekamen schon in frühester Kindheit zuwenig Wertschätzung und Anerkennung. Als Erwachsene leiden sie dann oftmals an starken Depressionen. Obwohl fast jedes Kind doch angeblich von seinen Eltern geliebt wird, begegnen wir in Wirklichkeit kaum Menschen, deren Selbstwertgefühl in der Anerkennung und Liebe ihrer Eltern wurzelt. Erwachsene werden alt und grau, sie sterben mit der inneren „Gewißheit", sie seien ihren Eltern immer eine Last oder ein Klotz am Bein gewesen.

Gründe für das Dilemma könnten sein, daß Eltern

- einfach das weitergeben, was ihnen selbst gesagt wurde bzw. was sie am eigenen Leib erfahren haben.
- es nicht besser wissen und vielleicht noch davon überzeugt sind, daß es für die Erziehung hilfreich sei.
- manchmal einfach überlastet und nervlich überreizt sind.

Die Folgen der Fehlprogrammierung im Kindesalter sind für den erwachsenen Menschen fatal. Auf die Frage: „Warum bewirbst du dich nicht noch einmal?" bekommt man nicht selten die Antwort: „Das schaffe ich ja sowieso nicht." „Warum bringst du dich nicht mal mit deinen Beiträgen ein?" – „Ich hab doch sowieso nichts zu sagen. Meine Meinung ist doch nicht wichtig." „Warum vertraust du nicht einfach Gott und seiner Liebe?" – „Ich vertraue schon, aber meine Angst ist noch größer. Gott liebt mich, ich weiß, aber so ganz traue ich ihm doch nicht."

Die Kunst, positive Botschaften auszusenden

Warum blüht wohl die Freude und das Lebensglück in einigen Menschen bis ins hohe Alter unverdrossen weiter? Die Antwort lautet: Weil Eltern verstanden haben, daß ihre Kinder immer wieder Ermutigung und Anerkennung brauchen. Deshalb haben sie die Kunst entwickelt, positive Botschaften auszusenden. In gleicher Weise sollten auch wir das, was uns an unseren Kindern gefällt, laut aussprechen, um so in ihrem Bewußtsein fest zu verankern, daß sie für uns als Eltern einen großen Wert darstellen und wir vieles an ihnen ganz besonders schätzen. Wir schaffen damit eine Grundlage, auf die sie später bauen können. Tut es uns und unseren Kindern nicht gut, folgende Sätze zu hören?

- Hey, das hast du aber wirklich gut gemacht!
- Hallo, Stefan, es tut gut, dich zu sehen!
- Die Idee zu deinem Bild und die Farbzusammenstellung finde ich gut.
- Ich bin wirklich dankbar für deinen Beitrag.
- Was du machst, ist wirklich toll.
- Du bist etwas Besonderes.
- Ich bewundere, wie du das angepackt hast.

Das Loben unserer Kinder ist wichtig, und zwar das Loben ohne Ende. Eine besonders gute Möglichkeit, unsere Kinder mit Anerkennung zu versorgen, bietet das Osterfest mit einer neuen Eiersuchvariante. Als Familie versteckt man kleine „Komplimente-Nester“ überall im Raum. Jedes Nest enthält ein kleines Zettelchen mit einem Kompliment für den Empfänger. Da steht z. B.: „Ich fand es ganz toll von dir, wie du dich um deine kleine Schwester gekümmert hast. Deine Mama.“ „Du bist der allerbeste Papa der Welt. Es macht Spaß, mit dir zu tollen. Mirjana.“ oder „Dein fröhliches Lachen baut uns alle auf. Keiner kann so lächeln’ wie du.“, usw. Kein noch so buntes Ei erzeugt so viel Glanz in den Kinder-(und Erwachsenen-!)augen wie eines dieser Zettelchen.

Eine andere effektive Methode, wie wir unsere Kinder aufbauen können, besteht darin, ein großes weißes Blatt auf den

Fußboden zu legen. In die Mitte des Blattes wird ein Kreis aufgemalt, in dem die Frage: „Was finde ich gut an dir?“ geschrieben steht. Dann werden sternförmig vom Kreis ausgehend Spalten auf das Blatt gezeichnet, die jeweils mit den Namen eines Familienmitgliedes versehen sind. Jeder bewaffnet sich nun mit einem Farbstift und schreibt in jede Spalte einen Kommentar unter den betreffenden Namen. Danach wird das große Blatt in Streifen zerschnitten und jeder erhält den Teil mit seinem Namen, so daß schließlich jeder eine ganze Liste mit persönlichen Kommentaren hat, die er laut vorlesen kann. Eine meiner Töchter hängte ihren Abschnitt sogar über ihr Bett.

Ein Kind, das sich angenommen und geliebt weiß, neigt nachweislich zu weniger Streitereien, Rivalitäten und Aggressivität. Selbstsichere Kinder sind nicht nur aktiver, aufgeschlossener und weisen ein besseres Sozialverhalten auf, sie kommen obendrein mit sich und ihrer Umgebung auch besser zurecht. Lob und Anerkennung sind Vitamine für eine gesunde Entwicklung.

Das beste Lob für ein Kind ist es nach wie vor, es spüren zu lassen, daß es in seinen Worten und in seinem Tun ernstgenommen wird. Wenn wir unsere Kinder nicht ausreichend ermutigen, werden sie nicht an sich selbst glauben können. Und wenn unsere Kinder nicht an sich selbst glauben, wer soll dann eines Tages an sie glauben?

Manchmal ist unsere komplizierte Welt ein schwieriger Ort für unsere Kinder. Umso mehr freut es mich zu wissen, daß es großartige Ausnahmen wie z. B. den Englischlehrer meiner Tochter gibt, von dem nicht nur sie, sondern alle ihre Freunde schwärmen. Kinder, die bei anderen Lehrern gedemütigt und verspannt auf ihren Stühlen sitzen, tauen bei ihm auf und entspannen sich, wenn er lustige Geschichten über sich und seine Frau erzählt. Ein Lehrer, von dem eine ganze Klasse schwärmt, das gab es selbst zu meiner Schulzeit nicht. In einer großen, gesichterlosen Schule sticht dieser Lehrer hervor, weil er Interesse an den Schülern zeigt und sie liebt. Wenn er zufällig im Schulhof an meiner Tochter vorüberläuft, kann er es nicht unterlassen zu sagen: „Hallo, Janina, es freut mich, dich zu sehen.“ Ich persönlich würde diesem Lehrer ein Bundesverdienstkreuz oder einen Lehrer-Nobelpreis verleihen, denn für ihn scheint es nach meiner bisherigen Erfahrung keine dummen Kinder zu geben. Es ist ganz offensichtlich, daß er viel väterliche Wärme und Liebe an die Kinder weiterreicht und sie mit seiner Persönlichkeit fesselt und fasziniert. Welch ein Vorbild! Ich bin fest davon überzeugt, daß unsere Schulen, Kindergärten und Kindergottesdienste nicht besseres Fachpersonal brauchen, sondern Menschen, die Kinder lieben. Solche Menschen werden viele Freunde unter den Kindern haben.

Vitamine für den Ehepartner

Die Bibel, man höre und staune, ermuntert alle Ehemänner dazu, ihre Frauen zu loben (Spr 31,28). Arbeite deshalb daran, Deiner Frau ein gutes Gefühl über sich selbst zu vermitteln. Werden wir Männer nicht alle von Zeit zu Zeit mit Fragen wie dieser überrascht: „Schatz, wie gefällt dir mein neues Kleid?“ Eine bessere Vorgabe für ein Kompliment kann es fast nicht geben. Meistens sind wir Männer leider oft nicht ganz bei der Sache oder uns fehlen einfach die Worte. Deshalb führe ich an dieser Stelle gleich zwei Antwortmöglichkeiten zur Auswahl an:

- „Ich weiß nicht, was mir besser gefällt, das Kleid oder die Trägerin.“
- „An dir gefällt mir eigentlich jedes Kleid, aber dieses Kleid ist ein echter Volltreffer. Ich kann es kaum abwarten, daß wir ausgehen und du es anhast.“

Auf die zweithäufigste Frage: „Und wie gefällt dir meine neue Frisur?“ könnte man antworten: „Ich finde, sie steht dir ganz ausgezeichnet – aber das liegt vielleicht auch daran, daß du mit jeder Frisur einfach super aussiehst.“ Eine andere Möglichkeit, die den Ehepartner aufwertet, ist folgende. Bevor Du deine Frau neuen Bekannten vorstelltst, sagst Du ihr: „Schatz, ich möchte dich gern einigen Freunden vorstellen, damit sie meine hübsche Frau mal kennenlernen.“ Stell ihnen anschließend Deine Frau mit stolzen und anerkennenden Worten vor.

Vielleicht ist Dein Ehemann in die Jahre gekommen, in denen man nur noch in die Breite wächst. Auch er nahm sich vor, einige Pfunde abzuspecken, was ihm allerdings nicht gelang. Statt seinen Selbstzweifel zu verstärken, wäre es hilfreich, ihn in den Arm zu nehmen und liebevoll zu sagen: „Ich liebe dich für das, was du bist, nämlich ein toller Mann, und nicht für das, was du dir vornimmst." Sollte unser Lebenspartner nicht auch von Zeit zu Zeit hören, daß er mindestens einen Orden dafür verdient hat, daß er es mit uns aushält? Jedes Wort des Lobes vergrößert *Deine* Ausstrahlungskraft.

Die Kunst, Menschen richtig zu beachten

Jeder Mensch trägt irgendeinen traumatischen Schmerz mit sich herum oder kämpft auf irgendeine Weise gegen einen inneren Bedeutungsmangel an. Vielleicht starb kürzlich der geliebte Vater, oder es existieren Spannungen in der Ehe; vielleicht quält uns ein lästiger Sprachfehler, der Verlust der Arbeitsstelle oder die Tatsache, ein behindertes Kind zu haben. Andere wiederum werden von finanziellen Sorgen oder von Selbstzweifeln usw. gequält, oder eine seltene Krankheit will ihnen die Hoffnung rauben. Fragen wie: Werde ich mein Leben wieder in den Griff bekommen? Interessiert es überhaupt jemanden auf diesem Planeten, wie es mir geht? Bin ich überhaupt von Wert und Bedeutung für dieses Leben? bedrängen mehr Menschen – selbst in unserer nächsten Umgebung –, als wir uns vorstellen können.

Allgemeine Ermutigung

Die Schauspielerin Celeste Holm sagte einmal, daß wir von der Ermutigung leben und ohne sie langsam, traurig und verärgert sterben. Worte der Ermutigung und des Lobes sollen den Kern des Menschen erreichen, ihm wirklich dienen und ihn erbauen. Halten wir doch Ausschau nach den unendlich vielen Möglichkeiten des Lobes, die das Leben uns bietet und setzen wir unserer Phantasie dabei keine Grenzen. Wie kann man eine Frau loben, die ihr Kind im Kinderwagen vor sich herschiebt? Wie zaubert man ein Lächeln in das Gesicht der dicken Frau in der Pommes-

Bude? Wie könnte man wohl seinen Nachbarn aufbauen, der gerade dabei ist, seinen Zaun zu streichen? Oder ein kleines Kind, das uns stolz seine Farbklekse auf dem Papier zeigt? Sag dem Fallschirmspringer, daß Du ihn wegen seines Mutes bewunderst, der freundlichen Verkäuferin, daß ihr Lächeln Dich für die hohen Preise im Laden entschädigt. Worte wie die folgenden sollten ruhig etwas häufiger über unsere Lippen kommen:

- Deine lebensfrohe Art macht mir Mut.
- Sprich nur weiter, denn mir gefällt, was du sagst.
- Die Art, wie du mit deinen Kindern umgehst, finde ich wirklich beeindruckend.
- Ich glaube, ich kann eine ganze Menge von dir lernen.
- Ich glaube, das macht dir so schnell keiner nach.
- Die Art, wie du als Christ lebst, überzeugt mich jedes Mal neu davon, daß am Glauben etwas dran ist.

Paulus selbst ermahnt uns, unsere Mitmenschen durch unser Reden nicht niederzumachen, sondern aufzubauen (Eph 4,29). Oftmals transportieren selbst knapp formulierte Sätze der Anerkennung eine große Botschaft. Anerkennende Worte wie: „Ich finde es toll, wie du das geschafft hast!“ bedeuten nicht selten wörtlich übersetzt: „Ich schätze nicht nur deine Leistung allein, sondern dich als Person.“ „Gut, daß du zu uns gehörst“ heißt wörtlich übersetzt: „Ich liebe dich, deine Nähe tut mir gut.“ „Es macht Spaß, mit dir zusammenzuarbeiten“ heißt oft dann auch „Ich möchte dich noch besser kennenlernen und auch weiterhin schöne Zeiten mit dir verbringen.“

Wir sollten uns ruhig darin üben, in einer angemessenen Situation das Lob etwas ausführlicher zu formulieren – allerdings immer im Blick auf den Menschen, den wir konkret vor uns haben.

Was Anerkennung, Lob und Ermutigung bewirken:

- Anerkennung und Lob machen Menschen zu positiven „Wiederholungstätern“.

- Ermutigung und Lob sind die beste Investition in unser Gegenüber.
- Ermutigung und Lob sind mehr als ein bedeutungsvolles Geschenk.
- Anerkennung und Lob weiterzugeben ist ein Ausdruck menschlicher Größe.
- Anerkennung und Lob weiterzugeben ist der schnellste Weg, um Freunde zu gewinnen.

Wann immer wir auf Menschen treffen, bieten sich uns viele Gelegenheiten, andere zu ermutigen und zu loben. Dabei ist für jemanden, der aus dem Glauben heraus andere ermutigt, das eigentliche Ziel, die Liebe und Annahme Gottes so unter die Menschen zu bringen, daß Herzen zu heilen beginnen und die Betroffenen näher zu Gott gebracht werden. Das aber geschieht dadurch, daß sie erbaut werden, Kraft empfangen, Stärkung erfahren – und zwar durch meine aufrichtige Liebe. Menschen, die andere ermutigen, handeln aus dem Wissen: Der Mensch ist es einfach wert, geliebt und ermutigt zu werden. Darum: Werde ein Meister im Ermutigen und Loben!

Als jemand, der andere ermutigt, sollten wir natürlich um die Dinge wissen, die andere wirklich tief bewegen. Stellen wir uns immer wieder die folgenden Fragen: Auf welchem Gebiet ist mein Gegenüber ansprechbar? Womit kann ich ihm oder ihr wirklich dienen? Mit offenen Augen und Ohren sollten wir immer bemüht sein, die Bedürfnisse und Nöte unseres Gegenübers zu erfassen. Wenn wir ermutigen, geht es nicht darum, bestimmte Worte und Techniken anzuwenden, sondern vielmehr um unsere aufrichtige Herzenshaltung, mit der wir etwas „Belebendes“ in das Leben eines anderen Menschen hineinsprechen.

„Wer mit Gott lebt, dessen Mund ist eine Quelle des Lebens“ (Spr 10,11). Solltest Du beschließen, jemand zu werden, der andere ermutigt, so wird die Quelle des Lebens, die aus Dir sprudelt, drei wunderbare Dinge hervorbringen:

1. Als Ermutiger wirst Du über Nacht einen großen Dienst haben, der bis zu Deinem Lebensende anhalten wird.
2. Ermutiger werden immer und überall Freunde haben.

3. Jedes Wort der Ermutigung vergrößert Deine Ausstrahlungskraft.

Wichtige Gedanken, die ich mir einprägen will:

1. ______________________________
2. ______________________________
3. ______________________________
4. ______________________________

Angestrebte Verhaltensänderungen im Umgang mit anderen:

1. ______________________________
2. ______________________________
3. ______________________________
4. ______________________________

Meine persönliche Zielsetzung für praktische Veränderungen:

1. ______________________________
2. ______________________________
3. ______________________________
4. ______________________________

Prinzip 4: Der Charme der Enthusiasten

Da unsere persönliche Ausstrahlung für das Gewinnen von Freunden sehr wichtig ist, kommen wir nicht am gewaltigen Thema der inneren Begeisterungsfähigkeit vorbei.

Begeisterte und dankbare Menschen üben eine derart starke Faszination auf uns aus, daß wir uns ihr normalerweise kaum entziehen können. Dieses Kapitel soll Dir helfen, diese geheimnisvolle Faszinationskraft besser zu verstehen und darüber hinaus Anleitung geben, wie man die innere Glut der Begeisterung entfacht. Befassen wir uns aber zuerst mit dem Verlust menschlicher und geistlicher Schwungkraft.

Warum Menschen ihre Begeisterungsfähigkeit verlieren

Ein Professor experimentierte mit einem Floh, der voller Enthusiasmus die gewaltigsten Luftsprünge vollführte. Er riß ihm ein Bein aus, rief „Spring!“ und der Floh sprang. Seine Beobachtungen trug er sorgsam in sein Arbeitsheft ein. Beim zweiten, dritten und vierten Bein war es nicht anders. Dann kam das nächste Bein an die Reihe. Doch der Floh reagierte auf den Zuruf nicht. Der gelehrte Mann hielt folgende Erkenntnis fest „Wenn man einem Floh das fünfte Bein ausreißt, verliert er das Gehör.“

Ein Baby wird mit einem gewaltigen Potential an Erwartung, Enthusiasmus und Entdeckungsfreude geboren. Meine kleine Tochter z. B. ist für alles Gute und jeden Blödsinn dieser Welt gleichermaßen zu begeistern. Aber war es nicht so, daß man – als wir älter wurden – damit begann, uns die Freude und den Enthusiasmus systematisch herauszuoperieren? Fromme Beinausreißer sagten uns: „Leg deine lockere Lebensart ab und nimm eine geistlich seriöse Grundhaltung ein.“ Andere sagten: „Verlaß dich nur auf deinen Verstand, beurteile rational und logisch und kontrolliere deine Gefühle.“ Als wir dann älter wurden, dämpfte man den Enthusiasmus mit Schuldgefühlen und Einschüchterung. Man ergriff das scharfe Skalpell der Kritik und der Entmutigung und wunderte sich anschließend über den energielosen Menschen, der sein geistliches Gehör verloren hatte. Sagt man einem solchen Menschen: „Oh, laßt uns den Herrn loben", weiß er nicht, wie das funktionieren soll. Indem Jesus sagte, daß Erwachsene wieder wie die kleinen Kinder werden sollen (Lk 18,17), ermutigte er uns auch, die kindliche Begeisterungsfähigkeit zurückzuerobern.

Das Leben lieben

In seinem Buch „Die Kunst des Liebens" formulierte Erich Fromm sehr treffend: „Das Traurige am Leben heute ist, daß die Menschen sterben, bevor sie ganz geboren sind." Wenn Menschen nur noch das Haar in der Suppe, die verwelkten Blumen, den Dreck auf der Straße, die Falten im Gesicht sehen, ist etwas in ihnen bereits gestorben – die Fähigkeit, das Leben zu lieben und sich zu begeistern. Im Erwachsenwerden ist uns unsere Welt zur Gewohnheit geworden und wir haben die Fähigkeit verloren, sie zu bewundern, zu bestaunen und zu lieben.

Wie wir bereits gesehen haben übt die Fähigkeit, sich innerlich begeistern zu können, eine starke Anziehungskraft aus. Alle Kinder dieser Welt haben diese Fähigkeit zur Begeisterung, die sie antreibt, Neues zu erlernen. Wenn ein Kind nach einigen Monaten Schwangerschaft in eine neue Wirklichkeit purzelt, wird es mit Enthusiasmus geboren. Obwohl das Kleinkind nicht sprechen kann, faßt es begeistert immer neue Gegenstände an und steckt sie in den Mund. Wenn die Gegenstände nicht hineinpassen, spuckt es sie wieder aus und krabbelt schnell auf einen neuen Gegenstand zu. „Halt! Nicht die Vase!", schreit die Mutter mit verärgertem, sorgenvollem Gesicht und das Kind zuckt zusammen. Kurze Zeit später stellt das Kind auf seiner begeisterten Entdeckungsreise fest, daß sich Papa mit einem kleinen brummenden Apparat über das Kinn fährt und Mama sich mit anderen interessanten Utensilien bemalt und einsprüht. „Nein, nicht den Lippenstift in den Mund nehmen, du Ferkelchen!" So geht es weiter und weiter und zwar den lieben langen Tag. Setzt man das Kind dann eines Tages in einen Garten, so ist dieser eine ganz neue, noch zu erobernde Welt, eine Art Garten Eden. Die meisten Erwachsenen sind für seine Schönheit bereits blind geworden, da für sie im Laufe der Zeit alles schon abgeklärt und ganz selbstverständlich geworden ist. Demgegenüber löst jeder Gegenstand, alles Neue, was das Kind entdeckt, neue Begeisterung aus. Für die abgeklärte Erwachsenenwelt scheint alles normal geworden zu sein und Gleichgültigkeit macht sich breit. In dem Bestseller „Sofies Welt“ von Jostein Gaardner stellt die kleine Sofie fest: „Die Erwachsenen fanden die Welt selbstverständlich. Ein für allemal schliefen sie den Dornröschenschlaf des Alltagslebens.“ Zu ihrer Mutter sagt sie: „Pah! Du hast dich nur so gut in die Welt eingelebt, daß sie dich nicht mehr überrascht.“

Gehören wir auch zu den Menschen, die sich Jahr für Jahr die gleichen Fernsehprogramme anschauen? Treffen wir uns immer nur mit denselben, gleichgesinnten Menschen und meiden auf der anderen Seite Menschen, die andere Ansichten vertreten? Lesen wir vielleicht Jahr für Jahr die gleichen Zeitungen? Irritieren uns große berufliche und gemeindliche Veränderungen oder beunruhigen sie uns sogar? Vielleicht gehören wir aber auch zu jenen, denen das Leben schwer mitgespielt hat und die die Freude am Leben verloren haben? Wie viele von solchen Menschen blieben wohl in der niederschmetternden Augenblickserfahrung stecken und starben innerlich, weil sie ihre Augen für die schöne Seite des Lebens verschlossen hatten.

Das „Ja“ zum Leben setzt neue Begeisterung frei

Lassen wir uns von der Vielfalt der Formen und Farben faszinieren, von Licht und Schatten, einem stillen, großen Waldsee, von der Blütenpracht im Frühling, von einer alten knorrigen Eiche, von dem Gezwitscher eines Vogels, von einem sternenübersäten Nachthimmel, von Regentropfen, die unablässig geräuschvoll auf ein Dach prasseln und heimelige Gefühle auslösen! Oder denken wir an die Welt der Charaktere und Persönlichkeiten. Wie wunderbar kann es doch sein, die liebevolle alte Oma, den kleinen frechen Jungen, die aufgedonnerten Teeniemädchen und den dicken Zigarre-rauchenden Herrn an der Bushaltestelle zu beobachten.

Solltest Du Dich an Deiner Umwelt satt gesehen haben (was ich nicht glaube), dann entdecke eine weitere Welt, indem Du wie ich tauchen gehst. Ich liebe es, im Urlaub durch eine „humorvoll beflosste“ Farben- und Formenwelt zu tauchen, die mich in ehrfurchtsvolle Anbetungsstimmung versetzt. Jeder Fisch, jedes Riff predigt über ein und denselben Satz: „Erkennt, daß ich Gott bin“ (Ps 46,11). Mir bleibt nichts anderes übrig, als die Liebe Gottes aufzunehmen, die ich in der Vielfalt seiner Schöpfung sehe und bestaune. Laß Dich wieder neu zu einer großen Entdeckungsreise motivieren, die jeglichem inneren Absterben entgegenwirkt. Entdecke Dich als ein wunderbares Einzelstück in Gottes faszinierendem Lebensgefüge. Öffne Deine Augen für das Leben und fang an, es wieder wie ein kleines Kind zu lieben. Schau es Dir an, berühre es, atme es ein und erlebe Dich eingebettet und geborgen in Gottes Liebe …

Wecke Deine Fähigkeit, das Leben zu lieben, denn Menschen, die das Leben lieben, werden geliebt.

Sag Dir: Ich werde mich am Leben erfreuen, mir das Essen ganz bewußt schmecken lassen, die Blumen und ihre Düfte genießen und Menschen fasziniert beobachten und bewundern. Ich werde meine Kinder nicht nur einfach ins Haus lassen, sondern sie liebevoll umarmen. Ich werde in meiner Lebensfreude und Liebe wachsen, um meinen Schöpfer besser lieben zu können.

Das Wunder der Begeisterung

Lieber Leser, lies die nun folgenden Seiten dieses Kapitels mit Begeisterung, denn Enthusiasmus ist jene Kraft, die wir zurückerobern sollen, und die eine unscheinbare Person in eine außergewöhnliche verwandelt.

Für ältere Menschen hat Enthusiasmus die erfrischende Wirkung eines Jungbrunnens. Müde Augen werden wieder wach, fangen an zu strahlen, und die Gesichstzüge selbst älterer Menschen bekommen plötzlich wieder etwas Jugendliches. Auf der anderen Seite sehen Menschen ohne Begeisterung, deren Wesen von Teilnahmslosigkeit und Passivität gekennzeichnet ist, alt aus.

Begeisterung ist eine geheimnisvolle Kraft, eine Form von Energie, die in Menschen wohnt und stetig zu- oder abnehmen kann. Robert Schuller, Pastor aus Kalifornien, sagte in einer Fernsehpredigt: „Zeigen Sie mir einen begeisterten Menschen und ich werde Ihnen einen Menschen zeigen, der voller Energie, Dynamik und positivem Denken steckt."

Ein begeisterter Christ lebt in der Grundanschauung: „Allem bin ich gewachsen, weil Christus mich stark macht" (Phil 4,13). Mit anderen Worten: „Mit Gott schaffe ich es."

Das Synonym zu Begeisterung lautet Enthusiasmus. Das Wort „Enthusiasmus" kommt aus dem Griechischen und heißt soviel wie „in Gott", *en theos* sein.

Menschen, die „in Gott" sind, haben die feurige Kraft des Heiligen Geistes erfahren, denn für echten Enthusiasmus ist immer der Heilige Geist verantwortlich. Er räumt mit dem Geist der Welt in uns auf, vertreibt Gleichgültigkeit, Teilnahmslosigkeit, Passivität und begeistert, entzündet, ja entflammt uns.

Gott selbst überflutet uns mit Kraft, Freude und Begeisterung für seine Ziele, die er in unser Herz pflanzt. In letzter Konsequenz bewirkt *en theos* Erweckung, und Erweckung ihrerseits löst wieder Enthusiasmus aus. In diesem Sinne ist der Mangel an Enthusiasmus auch ein Mangel an allem, was zu einem Aufblühen des Christentums führen könnte.

Die Versammlungsräume unserer Gemeinde wurden immer wieder zu klein. Ich bin fest überzeugt, daß es anziehende Begeisterung war, die uns immer wieder einen Umzug bescherte, denn Begeisterung ist anziehend. Enthusiasmus brachte große Geldsummen zusammen, die den Umbau unserer neuen, großen Räumlichkeiten ermöglichten. Nichts auf dieser Welt wird unseren Enthusiasmus bremsen können, bis sich die neuen Räume bis auf den letzten Quadratmeter wieder mit Menschen gefüllt haben werden.

Nur einer kann das Feuer der Begeisterung für das Reich Gottes in uns anzünden, und das ist Jesus. Wenn Du in Deiner Begeisterungsfähigkeit wächst, wirst Du auch als Christ wachsen und in den Strom der Kraft Gottes hineingeraten. Nimmt *en theos* jedoch bei uns ab, so kommen geistliche Entwicklungen mit all ihrem Segen fast schlagartig zum Stillstand und zurück bleibt ein langweiliger Status-Quo-Christ.

Eine wichtige Entdeckung

Eine Beobachtung, die man in einem menschengefüllten Raum z. B. nach einem Gottesdienst oder einer Vernissage machen kann, ist, daß bestimmte Personen plötzlich im Zentrum der Aufmerksamkeit stehen. Diese Personen gehören nicht unbedingt zu den Schönsten, oftmals auch nicht zu den Gebildetsten im Raum, jedoch üben sie mehr Faszination aus als wesentlich Hübschere und Gebildetere. Warum erscheinen die anderen neben diesen Personen eher blaß, farblos und bedeutungslos? Warum faszinieren diese Leute und stehen im Zentrum der Kommunikation? Was unterscheidet sie von den anderen?

Mit großer Wahrscheinlichkeit haben diese Personen ein gewinnendes Lächeln und gehen freundlich und offen auf ihre Mitmenschen zu. Eine positive Lebenseinstellung sowie eine spontane Herzlichkeit kennzeichnen sie, sie sprudeln vor Energie und sprechen mit Begeisterung, und zwar mit Augen und Händen. Sie können gut zuhören und eine positive Stimmung sowie Übereinstimmung erzeugen. Bringen wir es auf den Punkt: Enthusiasten besitzen eine kraftvolle, mitreißende Art.

Auf der anderen Seite gibt es Menschen, die trotz bester Argumente nicht überzeugen können. Kennen wir nicht alle Menschen, die zwar über großes Können verfügen, sich kräftig abrackern, aber im Leben genauso vorankommen wie ein Fisch im Senfglas? Was ist der Grund für ihren gebremsten und bescheidenen Lebenserfolg? Die Antwort lautet: Neben anderen Eigenschaften scheint vor allem der Enthusiasmus zu fehlen. Ein Mensch, der einfach nur vor sich hin lebt und den das Leben langweilt, strahlt immer eine entsprechende Geisteshaltung aus. Auf seine Umgebung wirkt ein solcher Mensch einschläfernd wie zehn Milligramm *Valium* intravenös verabreicht.

Nur Begeisterte können begeistern

Kein Pastor kann seiner Gemeinde von der Kanzel her verordnen: „Ab heute müßt ihr alle begeisterte Christen sein.“ Wem der Enthusiasmus nicht aus all seinen Poren tritt, aus den Augen leuchtet, in Gestik und Mimik erkennbar wird und aus der Stimme klingt, bei dem ist er eindeutig nicht vorhanden. Kein Mensch würde seiner Aufforderung Folge leisten. Sofern wir nicht von unserer Gemeinde, unserem Hauskreis, unserem Projekt oder unserer Familie begeistert sind, werden es die anderen auch nicht sein. Wenn verantwortliche geistliche Leiter oder Unternehmer nicht an ihr Projekt glauben, so werden sie die Mitarbeiter und Angestellten auch nicht bewegen können. Um andere zu entzünden, muß man zuerst selbst brennen, denn nur Begeisterte erzeugen Begeisterung.

Was nützen uns zündende Ideen, wenn wir andere nicht begeistern können, uns bei der Verwirklichung großer Ziele zu helfen? Nur wer selbst vom Heiligen Geist, von seinen Zielen und seinem Auftrag entflammt ist, kann andere entzünden, überzeugen und begeistern. Mitarbeitermotivation – die Fähigkeit, andere für etwas zu begeistern – ist die Hauptaufgabe eines Leiters, denn motivieren heißt „begeistern".

Wie wir unschwer erkennen können, kann man Enthusiasmus nicht verordnen, er wird anders übertragen.

Enthusiasmus – eine erobernde Kraft

Ob in der Gemeinde, in der Klasse, beim Pizzabäcker, im Fußballstadion oder bei der Evangelisation – für alle Lebensbereiche gilt: Enthusiasmus ist wie ein herzerfrischendes Lachen, hochgradig ansteckend. Da Begeisterung auf diese Weise Begeisterung multipliziert, werden viele Menschen angezogen.

Der Denker und Dichter Ralph Waldo Emerson brachte einmal zum Ausdruck, daß jeder große imponierende Schritt ein Triumph der Begeisterung sei und daß ohne sie nichts Großes erreicht worden sei. Vielleicht ist es Dir auch aufgefallen: Wachsende Gemeinden haben in der Regel begeisterte Leiter, begeisterte Evangelisten und große Zuhörerscharen. Auch Showmaster und exzellente Prediger besitzen diese unwiderstehliche Faszinationskraft, mit der sie ein großes Publikum zu begeistern imstande sind.

Als John Wesley einmal von jemandem gefragt wurde, warum er immer von Menschenmassen umgeben sei, antwortete er, daß Menschen ihn gern „brennend" sähen. Ein Mensch, der für Gott brennt, kennt den Enthusiasmus, der von Gott kommt. Im Römerbrief motiviert Paulus die Christen, fleißig zu sein und obendrein *brennend im Geist* dem Herrn zu dienen (vgl. Röm 12,11, Hervorhebung durch den Autor). Wer „im Geist brennt", kennt die positive Innenerfahrung von Erfülltsein, von Feuer und Eifer sowie ein tiefsitzendes Verlangen, für Gott zu leben.

Ein Mensch mit Enthusiasmus gibt sich auch außerhalb seiner Funktionen dynamisch und energiegeladen. Seine Anziehungs- und Motivationskraft weichen von der Norm ab, denn er lockt, bezaubert mit dem Feuer, das in ihm brennt. Solche Menschen verbreiten eine positive, ansteckende Atmosphäre. Da echte Enthusiasten selten sind und somit nicht der Norm entsprechen, umgibt sie natürlich auch eine „Aura der Andersartigkeit". Doch es gibt auch eine gute Botschaft in diesem Bereich: Jeder von uns kann Enthusiasmus in sich entfalten und kultivieren und jeder von uns hat die Chance, über sich hinauszuwachsen.

Enthusiasmus erzeugt Leidensbereitschaft

Eines sollten wir unbedingt noch über Enthusiasmus wissen: Er ist nicht von irgendwelchen „widrigen Umständen" abhängig. Weder vom Wetter, noch von einer Laus, die über unsere Leber läuft, noch von schlechten Träumen oder von einem Bus, der vor unserer Nase abfährt.

Göttlicher Enthusiasmus ist eine treibende Kraft, die den Kampfgeist in uns weckt und Standfestigkeit erzeugt. Das Christentum war schon in seiner Geburtsstunde reichlich mit Enthusiasmus gesegnet, denn eine sozial unbedeutende Gruppe von Menschen mit leeren Taschen, die mit Enthusiasmus ein klares Ziel verfolgten, stellte die damalige Welt auf den Kopf. Einer von ihnen, Paulus, besaß weder einen Farbfernseher noch ein Auto oder geregeltes Einkommen. Alles, was ihn bewegte und antrieb, Großes zu vollbringen, war sein Enthusiasmus. Dieser hatte ihn auch veranlaßt, einen Wahrsagegeist aus einer Frau aus Philippi auszutreiben. Die Belohnung dafür war nicht die Unterbringung in einem Fünf-Sterne-Hotel, von wo aus er sofort telefonischen Kontakt mit seiner Sekretärin im Hauptbüro der Paulus-Ministries e. V. aufnahm, um die nächste Evangelisation zu organisieren. Statt dessen fand er sich nach neununddreißig Peitschenhieben mit seinen Füßen im Holzblock auf dem übelriechenden, verlausten, kalten Boden einer Knastzelle wieder. Ich vermute, daß die meisten Christen in dieser Situation eine „Warum-trifft-es-mich"-Gala arrangieren oder zumindest eine innere Selbstmitleidsparty feiern würden. Das Christentum wäre vielleicht nicht nach Europa gedrungen, wenn Paulus so „normal" wie wir reagiert hätte. Statt dessen arrangierte er als Enthusiast eine Lobpreisparty. Ich stelle mir vor, daß Silas, sein Begleiter, folgendes sagte, als Paulus lauthals zu singen begann: „Paulus, jedesmal wenn du ‚O happy day' singst, fließt mehr Blut von deinem Rücken runter. Paulus, hör auf, wir haben doch keine Blutkonserven."

Paulus sang weiter, denn Enthusiasten sind nicht auf ihre Schmerzen konzentriert. Wenn die Ketten am schwersten waren, wurde der Enthusiasmus des Paulus noch größer. Wen wundert es da noch, daß schließlich eine Wand herausbricht, und Paulus so die Möglichkeit bekommt, den Gefängniswärter und seine ganze Familie zum Glauben zu bringen?

Hast Du Dich schon mal gefragt, warum manche Menschen mehr Energie und Leidensbereitschaft besitzen als andere? Und warum gerade diese Menschen große geistliche Ziele im Leben erreichen? Ein begeisterter Christ ist ein erfolgreicher Mensch, der früher oder später wie Paulus mit allem, was er vorhat, die Spitze erklimmt, denn er ist bereit, den Preis für das Gipfelerlebnis zu bezahlen.

Der Enthusiast weiß, daß ein geistlicher Aufbruch Arbeit bedeutet und ein Wunsch ist, der nicht einfach so und auf billige Weise in Erfüllung geht. Da er nicht nur an Zufälle glaubt, wartet er nicht auf bessere Zeiten, sondern packt mit Begeisterung an. *En theos* bewirkt in ihm einen Geist der Zielstrebigkeit, des Mutes, der Arbeitsfreude, Initiative und Leidensbereitschaft. Eine vom Geist Gottes erfüllte und angetriebene Person besitzt eine innere, unerschütterliche, nie versiegende Quelle, eine Art Depot voller Enthusiasmus. Diese Kraft inspiriert Menschen nicht nur, sondern befähigt sie auch, große Lasten für das Reich Gottes zu tragen. Solche Menschen leben sehr zielorientiert. Sie kämpfen, beten, weinen, arbeiten und erreichen schließlich ihr Ziel.

Begeisterung entsteht durch Gebet

En theos zu sein, beflügelt mich jedesmal wieder neu. Sich im Gebet zu verlieren bedeutet, in den *en theos-Zustand* hineinzukommen. Jedesmal, wenn ich in diesem Gebetszustand verharrte, entstand in mir ein beflügelndes, geistliches Klima, das mich packte. Oft pflanzte Gott neue Ziele in mein Herz, Ziele, die mich antrieben, mich begeisterten und „Adrenalin freisetzten". Im nachhinein staune ich, wie viel dadurch schon in Gang gesetzt wurde. Das Feuer echter Begeisterung wird im Gebet entzündet, wenn Gottes schöpferische Ideen und Impulse in unser Leben fließen. In diesem beglückenden, erwartungsvollen Gemütszustand ist absolut kein Platz für Lethargie, Depression oder negatives Denken.

Begeisterung entsteht durch Ziele

Sind Fußballmannschaften nicht begeisterungsfähige Teams? Was motiviert sie zur Spitzenleistung? Eindeutig das Bestreben, das „Spiel" zu gewinnen. Wer aber einfach so draufloslebt, um irgendwann einmal zu sterben, wird nicht viel bewegen, geschweige denn einen bescheidenen Sieg für die Menschheit erringen. Sein Leben zerrinnt ihm zwischen den Fingern und es kann gut sein, daß er am Ende seines Lebens zurückschaut und sich seiner folgenlosen Oberflächlichkeit schämt.

Enthusiasten glauben an die Kraft, die von großen begeisternden Zielen ausgeht. Deshalb fragen sie sich immer wieder: Was ist mein Ziel? Was will ich im Leben bewegen und erreichen? Zielorientiertheit ist das Geheimnis ihrer vielen Erfolge und Gipfelerlebnisse, denn sie setzt verborgene Energien frei und bringt immer wieder neue Ideen zutage. Echter Enthusiasmus wird also durch göttliche Ziele ausgelöst, die uns packen und stimulieren, faszinieren und herausfordern. Begeisterung ist eine positive Energie, die uns zu immer neuen Gipfelerlebnissen führt: immer dann, wenn wir ein Ziel erreicht haben. Gott selbst möchte die Begeisterung, die er in uns hineingelegt hat, mit seinen Zielen aktivieren, damit wir größer denken, größer glauben und großzügiger handeln und diese Welt beeinflussen. Ohne Ziele stirbt in vielen von uns der Enthusiasmus. Deshalb hat Gott für jeden

Menschen wenigstens einen Auftrag, der auf seine Erfüllung wartet.

Es gibt vermutlich kein geistliches Projekt, das nicht in einer kritischen Phase ins Stocken gerät oder sogar gefährdet ist. Wenn wir, wie Millionen Menschen neben uns, gelernt haben, alles negativ zu sehen, werden wir nur allzu schnell bereit sein, aufzugeben. Unser Engagement wird allerdings nicht geschwächt, sondern verstärkt, denn Enthusiasmus setzt ungeahnte Kräfte in uns frei. Wie das vor sich geht? Es ist die Grundlage des Glaubens: Voller Vertrauen auf Gott schauen, über seine Zusagen, die er uns bereits gegeben hat nachdenken und mit all dem unentwegt unsere Zuversicht und unsere Hoffnung füttern.

Wie David seine Begeisterungsfähigkeit entwickelte

Wenn wir etwas mehr über Enthusiasmus lernen wollen, müssen wir bei der Nummer Eins in Sachen „Begeisterung" in die Schule gehen – bei König David. Immer, wenn es Schwierigkeiten mit den Philistern, dem hinterhältigen Saul oder anderen handfesten Feinden gab und David innerlich spürte, daß ihn sein Enthusiasmus verlassen wollte, sagte er zu sich: Lobe den Herrn, meine Seele! Indem er Psalmen über die Herrlichkeit Gottes sang und sich Gottes Größe mit immer neuen Worten vor Augen führte, wurde er „in Gott" stark, d. h. sein Enthusiasmus wuchs, der ihn auch durch die schwierigsten Situationen trug. Bis ins hohe Alter hat David die Begeisterungsfähigkeit eines kleinen Kindes behalten. Kein Wunder also, daß er den Titel „ein Mann nach dem Herzen Gottes" erhielt. Trotzdem löste sein kindlicher Enthusiasmus bei seiner Familie nicht immer ungetrübte Freude aus. Seine Frau Michal regte sich einmal ganz mächtig auf, als David voller Begeisterung, fast ekstatisch und nur in der Unterhose vor der Bundeslade tanzte.

Da die großen Dinge – wie wir inzwischen wissen – nur mit Enthusiasmus vollbracht werden, müssen wir wie David darauf achten, daß Kritiker, Feinde und Umstände unsere Begeisterung nicht auslöschen. Das Lebensmotto aller Enthusiasten – so lehrt uns David – ist in dem Satz: „Macht euch keine Sorgen, denn die Freude am Herrn ist eure Stärke" (Neh 8,10 Einh.-Ü.) zusammengefaßt. Diese Regel ist Energiespender für unsere Schaffenskraft. Durch sie werden wir eine brennende Liebe zu Jesus und eine Sehnsucht nach dem Kommen seines Reiches bewahren.

Ist es nicht begeisternd, was echte Begeisterung vermag?

- Begeisterung ist die beste Garantie gegen ein langweiliges Leben.
- Enthusiasmus gibt zu erkennen, daß wir kein Mauerblümchen-Dasein führen (wollen).
- Enthusiasmus ist weder von schlechtem Wetter noch von Bussen, die uns vor der Nase wegfahren, abhängig.
- Enthusiasmus ist „hochgradig ansteckend".
- Begeisterung erzeugt Vitalität und Lebensenergie.
- Begeisterung erzeugt auch in anderen Menschen Begeisterung.
- Enthusiasmus hat Erweckung zur Folge und Erweckung macht enthusiastisch.
- Begeisterung verleiht uns eine besondere Ausstrahlung.
- Begeisterung setzt menschliche und finanzielle Unterstützung frei.
- Enthusiasmus läßt andere erkennen, an was wir glauben.
- Enthusiasmus hilft uns, große faszinierende Ziele zu erreichen.
- Begeisterte Menschen üben nach wie vor einen großen Einfluß auf andere Menschen aus.
- Begeisterung verleiht Faszinationskraft und macht Dich anziehend für viele.
- Großer Enthusiasmus zieht zahllose Menschen an.
- Begeisterte Menschen haben mehr Erfolgspunkte oder Gipfelerlebnisse in ihrem Leben.
- Begeisterte Menschen gewinnen am schnellsten neue Freunde.

Begeisterung ist erlernbar

Hast Du einen einladenden, offenen und freundlichen Blick? Wie groß ist Dein enthusiastisches Ansteckungspotential in Deiner

Umwelt? Lerne bewußt, Enthusiasmus und Lebensfreude zu entfalten. Jeder von uns kann sich verändern (lassen).

> *Nur wer in sich die Glut der Begeisterung entfacht,*
> *wird begeistert denken und handeln.*
> *Nur wer wirklich für Jesus und sein Reich brennt,*
> *wird bahnbrechende Siege im Reich Gottes erringen.*

Laß den Funken der Begeisterung von Dir auf andere überspringen! Spüre und erlebe, wie Dein Feuer immer mehr auf Menschen wirkt! Werde begeistert und lerne, andere zu begeistern!

Da Enthusiasmus auch von guten Zielen ausgeht, die uns antreiben, erscheint es mir sehr wichtig, daß wir uns vergegenwärtigen, was uns an der eigenen Arbeit gefällt, und was an ihr sinnvoll und gut ist. Freude und Dankbarkeit über unseren Dienst sind ebenfalls energiespendend. Darüber hinaus ist die klare Entschlossenheit, begeistert zu sein, begeistert ans Werk zu gehen und begeistert von etwas zu sprechen, eine elementare Grundlage unseres Schaffens. Führe deshalb Deine Gespräche mit Engagement und Begeisterung. Singe mit Begeisterung, bete mit Enthusiasmus und – solltest Du ein Prediger sein – predige mit einem brennenden Herzen und voller Begeisterung. Warte nicht darauf, daß andere auf Dich zukommen, sondern tu selbst den ersten Schritt, und zwar mit einer offenen, positiven Haltung. Entwickle eine mitreißende Begeisterung. Deine Mitmenschen wollen nicht nur Argumente hören, sie wollen Dich für etwas brennen sehen. Diene der besten Sache der Welt mit echter Begeisterung.

Zusammenfassung:

- Begeisterung ist erlernbar.
- Enthusiasmus erwächst aus einer positiven und dankbaren Lebenseinstellung.
- Begeisterung wird durch inspirierende Ziele freigesetzt.
- Begeisterung erwächst aus dem *en* theos-Zustand des Gebetes.
- Enthusiasmus entfaltet sich in uns, wenn wir uns „in Gott" durch Lobpreis und Meditation über seine Größe erbauen las-

sen. Laß Dir vom Heiligen Geist eine brennende Liebe zu Jesus geben, und Du wirst zu einer begeisternden Person.

Begeisterte Menschen begeistern wiederum andere Menschen. Das Ja zum Leben setzt Begeisterung frei.

Zum Abschluß noch ein Zitat von Henry Ford:

> *„Wenn du begeisterungsfähig bist, kannst du alles schaffen. Begeisterung ist die Hefe, die deine Hoffnungen himmelwärts treibt. Begeisterung ist das Blitzen in deinen Augen, der Schwung deine Schrittes, der Griff deiner Hand, die unwiderstehliche Willenskraft und Energie zur Ausführung deiner Ideen. Begeisterte sind Kämpfer Sie haben Seelenkräfte. Sie besitzen Standfestigkeit. Begeisterung ist: die Grundlage allen Fortschritts. Mit ihr gelingen Leistungen, ohne sie doch höchstens Ausreden.“*[1]

Begeisterung verleiht Dir Faszinationskraft
und macht Dich anziehend für viele.

Wichtige Gedanken, die ich mir einprägen will:

1. ________________________________

2. ________________________________

3. ________________________________

4. ________________________________

Angestrebte Verhaltensänderungen im Umgang mit anderen:

1. ________________________________

2. ________________________________

---

[1] aus: N. B. Enkelmann, „Rhetorik – aber wie?“, Königstein, Jahn & Ernst-Verlag, 2. Auflage).

3. ______________________________

4. ______________________________

Meine persönliche Zielsetzung für praktische Veränderungen:

1. ______________________________
2. ______________________________
3. ______________________________
4. ______________________________

Prinzip 5: Offenheit erzeugt Offenheit

Offenheit – eine Eigenschaft, der kein Mensch widerstehen kann

Es gibt eine Eigenschaft, der sowohl dynamische, extrovertierte als auch schüchterne, zurückhaltende Menschen kaum widerstehen können. Ich möchte dem Verständnis für diese gewinnende, vertrauenerobernde Kraft mit einer Frage den Weg bahnen: Fühlen wir uns nicht besonders zu Menschen hingezogen, die sich uns gegenüber öffnen? Manche nennen diese Fähigkeit, sich zu öffnen, Offenheit. Mir gefällt Transparenz – „Durchsichtigkeit" besser.

Transparente Menschen gewinnen oftmals schneller eine innere Verbindung zu anderen, da sie ihren Mitmenschen einen Blick in ihr Herz gestatten. Auf diese Weise werden innere Brücken zum Gegenüber gebaut, die von diesen vertrauensvoll beschritten werden können. Der Weg zur Freundschaft ist dann nicht mehr weit. Wer dagegen seine Gefühle und Gedanken hinter einem Panzer oder einer geschlossenen Zugbrücke verbirgt, wird als „schwer zugänglich" empfunden und dementsprechend gemieden. Immer wieder durfte ich beobachten, wie ein Mensch, der durch einen Seelsorgeprozeß gelernt hat, seinen Panzer abzulegen, sich schon bald seinerseits an der wachsenden Offenheit und Aufmerksamkeit seiner Mitmenschen freuen kann.

Regelmäßig referiert ein Ehepaar, das ich kenne, über diverse Partnerschaftsthemen vor wechselndem Publikum. Der Grund ihres Zulaufs und ihrer Beliebtheit liegt nicht nur in ihrer offenen und wohlwollenden Art begründet, sondern vielmehr darin, dass sie zunächst einmal damit beginnen, ihren Expertenstatus zu entmystifizieren, indem sie von ihren eigenen Schwierigkeiten und Herausforderungen in ihrer Ehe berichten. Das Resultat ist in der Regel, dass die Kursteilnehmer sich angenommen fühlen, sich öffnen, jede Menge Fragen stellen und beginnen, von ihren eigenen Schwierigkeiten zu sprechen, weil sie sich zum Teil in den Problemen von Eheexperten wieder entdeckt haben. Im Gegensatz zu vielen Referenten, die sich hinter der Mauer des Experten zu verbergen suchen, die ihren Lehrstoff von oben herab vermitteln und dabei leider oft genug Schuldgefühle erzeugen, erfreuen sie sich großer Beliebtheit bei einem großen Publikum.

Schon viele Jahre habe ich mich in der Seelsorge um Transparenz bemüht, ohne zu wissen, daß es sich dabei um eine erlernbare Technik handelte. Oftmals sind die Ratsuchenden zu Beginn eines Gesprächs recht verspannt und so verschlossen wie eine Seemuschel, die sich in dem Moment schließt, wo man ihr zu nahe kommt. Wenn wir im Gespräch ins Stocken geraten, erzähle ich den Ratsuchenden manchmal persönliche Dinge von meinen inneren Kämpfen an der gleichen Front – in der Regel mit dem Ergebnis, daß sich mein Gegenüber langsam zu öffnen beginnt und mir einen Blick ins Innere seiner Problemfelder gestattet.

Die Transparenz der „Großen"

Viele Leiter, die – vielleicht aus Angst, nicht ernst genug genommen zu werden – nur biblische, exegetische und hochtheologische Abhandlungen in einer abgehobenen religiösen Sprache weitergeben, werden immer wieder schmerzlich erfahren, daß sie bei ihren Zuhörern wenig bis nichts bewegen. Die meisten Menschen suchen instinktiv einen warmen, offenherzigen und transparenten Hirten, auch wenn dieser keine geschliffenen Vorträge zusammenbringt. Einem transparenten Leiter können sie eher vertrauen und schütten ihm auch lieber ihr Herz aus.

Im Gegensatz zu vielen Gesellschafts-Gurus und Sektenführern, die ihre Nachfolger gern im Ungewissen lassen, um so Projektionsflächen für Sehnsüchte zu ermöglichen und obendrein Abhängigkeiten zu schaffen, entmystifizierte Jesus seinen Leiter- und Guru-Status, indem er transparent und nahbar war. Er teilte sein Leben mit seinen Jüngern, lachte und weinte mit ihnen. Er stellte sie zur Rede, gab ihnen Anteil an seinen Gedanken und dem, was ihn beschäftigte, auch wenn sie ihn oftmals nicht verstanden. Seine Durchsichtigkeit im Umgang mit seinen Jüngern wird in einer Aussage besonders deutlich (Joh 15,15): „Ich werde euch nicht mehr Diener nennen; denn ein Diener weiß nicht, was sein Herr tut (undurchsichtiges Gurugehabe. Anm. d. Autors).

Vielmehr nenne ich euch Freunde; denn ich habe euch alles mitgeteilt, was ich von meinem Vater gehört habe."

Laß Deine Mitmenschen ruhig an Deinen Befürchtungen, Zweifeln, vor allem aber an den Dingen teilhaben, die Dich begeistern. Viele Menschen werden dadurch innerlich erleichtert sein, weil sie ebenso einfach „Mensch" sein dürfen.

Viele Menschen haben Angst, daß mit wachsender Transparenz das Interesse an ihnen verblaßt. Doch meistens tritt genau das Gegenteil ein.

> *Werde transparent für andere,*
> *gestatte Deinen Mitmenschen einen Blick in Dein Herz.*

Wichtige Gedanken, die ich mir einprägen will:

1. ______________________________
2. ______________________________
3. ______________________________
4. ______________________________

Angestrebte Verhaltensänderungen im Umgang mit anderen:

1. ______________________________
2. ______________________________
3. ______________________________
4. ______________________________

Meine persönliche Zielsetzung für praktische Veränderungen:

1. ______________________________
2. ______________________________

3. ____

4. ____

Striptease im Glashaus

Wenn ich im vorherigen Kapitel von Transparenz sprach, so meine ich damit nicht jenen ungesunden Seelenstriptease, der eher eine abschrekkende, ja abstoßende Wirkung hat. Bei so etwas werde ich immer an eine kuriose Geschichte erinnert: Ein Mann hatte sich in den Kopf gesetzt, eine total offene und transparente Ehe mit seiner Frau zu führen. Er ging soweit, daß er alle Innenwände seines Hauses aus Glas bauen lassen wollte. Seine Frau war darüber todunglücklich und rebellierte gegen seine Pläne. Nach langem Hin und Her einigten sie sich schließlich auf einen kleinen Kompromiß: die Wände sowie die Tür zur Toilette wurden aus Holz gefertigt. Tja, und seitdem findet man die gute Frau die meiste Zeit des Tages an dem Ort, an dem man sich sonst am kürzesten aufhält. Und die Moral von der Geschicht': Transparenz um jeden Preis ist ein riesengroßer Sch … wachsinn.

Transparenz ist, wie wir inzwischen wissen, sehr wichtig, doch – wie mit vielen guten Dingen im Leben – ist auch hier die Frage nach der Dosierung angebracht. Der Seelenstripper entblößt gleich bei der ersten Begegnung mit anderen zu viele private Einzelheiten und überrollt und überfordert seine Mitmenschen, so daß diese oft das Weite suchen. Darüber hinaus birgt die absolute Transparenz die Gefahr in sich, daß fremden Menschen innerhalb von Sekunden Probleme aufgehalst werden, mit denen sie sich gar nicht belasten wollten.

Daß totale Offenheit eine durchaus gefährliche Angelegenheit ist, lehrte mich ein Selbsterfahrungswochenende während meiner Studienzeit. Alle Türen des Hauses, in dem sich unser Kurs inklusive eines analytischen Therapeuten traf, waren geschlossen. Wir saßen im Kreis und irgendwann wurden wir herausgefordert, unsere Gedanken laut auszusprechen, die dann von der Gruppe analytisch und assoziativ bewertet wurden. Kein Wunder, daß sehr bald einige ziemlich verletzt waren. Sätze wie: „Ich spüre deinen Widerstand. Auf mich wirkst du wie …" prägten das „therapeutische“, gruppendynamische Gehabe. Schließlich brüllte eine Teilnehmerin eine andere junge Frau an: „Ich habe keine Lust mehr, mich mit dir auseinanderzusetzen!“ Die angesprochene Frau lief rot an und ließ ihrerseits genauso schonungslos die Maske fallen: „Ich habe dir immer gesagt, daß ich mich über deine Anrufe freue. Jetzt aber kann ich dir ja die Wahrheit sagen. Dein ätzendes, mitleiderregendes Gesülze geht mir jedes Mal auf den Sender. Dein ewiges Anbiedern als armes Würstchen ...“

Plötzlich schien im Raum die Temperatur in Rekordzeit zu sinken und eine Eiseskälte, bei der selbst ein Eisbär frieren würde, befiel uns. Stundenlang schwiegen alle Teilnehmer, denn die Angst vor Bewertung und Verurteilung hatte alle erfüllt. Nach drei Stunden „Selbsterfahrung“ stand für mich ein für allemal fest: Glashaustransparenz kommt dem Versuch gleich, auf einer Rasierklinge festen Fuß zu fassen. Der therapeutische Weg einer totalen Transparenz war für mich seitdem schon im Ansatz gestorben. Man muß ja nicht gleich das ganze Haus anzünden, um ein kleines Soufflé zu bereiten, oder?

Ein Merkmal, das auf eine schwere Psychose hinweist, ist die fehlende Kontrolle über die eigenen überschäumenden Gefühlsäußerungen. Manchmal fragt man sich unwillkürlich, ob es überhaupt moralisch vertretbar ist, unsere Empfindungen immer lauthals zu formulieren. Eine weitere Frage lautet: Wann darf ich einem anderen sagen, wie und was ich empfinde?

Bevor wir uns jedoch mit einem Menschen in eine Glashaussituation begeben, sollten wir im Vorfeld mit Gott alle anstehenden Fakten durchgehen. In bezug auf Transparenz sollten wir auch in einer Freundschaft sehr sensibel sein, vor allem, wenn es darum geht, Fakten anzusprechen und Gefühle zu äußern, die verletzend wirken und der Beziehung schaden könnten. Wer hier unsensibel ist, versucht auf einem eingeseiften Brett einen Fluß zu überqueren.

Prinzip 6: Freunde gewinnen – mit zwei Ohren und einer Zunge

Das Geheimnis der Erfolgreichen

Ob Arbeitnehmer oder Arbeitgeber, ob Vater oder Mutter, Pastor oder Hauskreisleiter, wir alle benötigen die Grundlagen für den positiven Umgang mit Menschen, denn davon hängt unser Erfolg ab. Untersuchungen des Carnegie-Instituts für Technologie bescheren uns hier einen sehr interessanten Befund. Selbst der technische Beruf des Ingenieurs verdankt nur 15 % seines finanziellen Erfolgs dem technischen Können. 85 % seines Verdienstes ist seiner Persönlichkeit, seinem Geschick im Umgang mit Menschen und der Fähigkeit, mit ihnen auszukommen, zuzuschreiben.

Ein Hauptgrund, warum Menschen beruflich nicht weiterkommen, liegt in ihrer Unfähigkeit, mit Kollegen umzugehen. Personalchefs sind sich darin einig, daß – abgesehen von Rezessionsflauten – zwei Drittel der Entlassenen ihren Job deshalb verloren haben, weil sie nicht mit anderen Menschen auskommen. Gründe wie Unehrlichkeit, negatives Reden, Egozentriertheit, Unzuverlässigkeit und Streitlust sind nur einige wenige Beispiele, warum Menschen Schwierigkeiten miteinander haben. Das Versagen liegt also nicht in erster Linie darin begründet, daß man seine Arbeit nicht zufriedenstellend verrichtet.

Eine andere Untersuchung in den USA ergab, daß zehn Jahre nach dem Universitätsabschluß nicht die Zeugnisbesten im Beruf am erfolgreichsten waren, sondern diejenigen, die im Berufsleben Menschen gewinnen und begeistern konnten. Unser menschlicher, geistlicher oder beruflicher Erfolg ist entscheidend von unserer Fähigkeit, Freunde zu gewinnen, abhängig, von der Fähigkeit also, Menschen aufzubauen, sie zu motivieren, ihnen zuzuhören und auf sie einzugehen.

Wie Du beliebt werden kannst

Ein Mann, der Grabstellen verkaufte, war deshalb wenig erfolgreich, weil er in seinen Verkaufsgesprächen immer die finanziellen Aspekte in den Vordergrund stellte. Erst, als er umzudenken begann und seine Dienstleistung von den Bedürfnissen seiner potentiellen Käufer her zu sehen begann, stieg der Umsatz enorm an. In sein bestehendes Angebot nahm er die Möglichkeit auf, die ganze Familie auf ein und demselben Friedhof beerdigen lassen zu können. Die Kunden mußten also nicht mehr wie bisher Hunderte von Kilometern zum Grab des Großvaters fahren.

Verkäufer, die sich die Mühe machen, die Welt mit den Augen ihrer Kunden zu sehen, haben nachweislich mehr Erfolg. Jesus hat niemals die „Hier-bin-ich,-was-kannst-du-für-mich-tun"-Mentalität entwickelt, sondern er lebte vielmehr nach dem Prinzip: „Hier bin ich, was kann ich für dich tun?" Was die Person Jesu so faszinierend machte, war das Interesse an seinen Mitmenschen.

Versuchen wir, die Dinge mehr aus der Sicht unseres Gegenübers zu betrachten. Statt an unsere Bedürfnisse zu denken, sollten wir uns in die Bedürfnisse anderer hineindenken, uns in ihre Lage hineinversetzen und somit Interesse an ihnen zeigen.

Was können wir von leeren Kirchen lernen, um unsere Kirchen zu füllen?

Als ich einmal zu mehreren Pastoren über die Steigerung unserer Überzeugungs- und Faszinationskraft und über effektives Predigen sprach, stellte ich meinen Zuhörern die Frage: „Wer von Ihnen hatte während seiner Hochzeit mit Langeweile zu kämpfen?" Keine einzige Person im Raum erhob die Hand. „Ist Ihnen schon auf anderen Hochzeiten langweilig geworden?" Nach dieser Frage gingen auf einen Schlag fast alle Hände in die Höhe.

Oftmals befinden sich Prediger und Hauskreisleiter in der Rolle des Bräutigams oder der Braut, bei denen auf der eigenen Hochzeit keine Langeweile aufkommt. Man ist so vom Text und den eigenen Gedanken während der Predigt fasziniert, daß man den großen Fehler begeht, die Sichtweise der Zuhörer nicht mit einzubeziehen. Die Folge ist nur zu oft ein gelangweiltes, manchmal sogar schlafendes Publikum.

Ein guter Prediger geht nicht mit folgender Fragestellung an seine Botschaft heran: Was ist mein Thema, was begeistert mich?, sondern er fragt: Welche Nöte bewegen meine Zuhörer, zu denen ich heute spreche, wirklich? Wovon träumen sie, welche Anliegen könnten sie haben? – Er versucht, sich in das junge Paar hineinzuversetzen, dessen Baby die ganze Nacht durchschreit; er denkt an die vielen, die um ihren Arbeitsplatz bangen, an diejenigen, die Streit mit dem Ehepartner haben. Er denkt sich hinein in seine Zuhörer, versucht sich ihre Not und ihre Umstände vorzustellen und gibt dann unter der Leitung des Heiligen Geistes mit einem Herzen, das vom Zuhörer her denkt, seine Botschaft weiter. Es wundert nicht, daß solche Prediger erfolgreich sind und man ihnen gern zuhört. Wer sich für sein Gegenüber oder sein Publikum interessiert, sendet ununterbrochen folgende Signale aus:

- Mir liegt etwas an dir. Für mich bist du wichtig.
- Ich interessiere mich für das, was du tust und für dich als Mensch.

Diese Signale werten jeden Menschen auf und geben ihm das Gefühl, wichtig und besonders zu sein. Erfolgreiche und beliebte Prediger und Hauskreisleiter sind deshalb wahrscheinlich vor allem diejenigen, die Interesse an ihren Mitmenschen zum Ausdruck bringen:

- Das ist ein schönes Bild! Hast du das selbst gemalt?
- Erzähl mir mehr von dir. Hast du Fotos von deiner Familie?
- Du bist Fallschirmspringer? Braucht man dazu nicht ungeheuer viel Mut?

Sprich die Dinge an, die Deinen Gesprächspartner bewegen. Bedenke:

- Erfolgreiche Menschen sind beständig darum bemüht, Mitmenschen zu zeigen, daß sie ihnen wichtig sind.
- Sie sind mehr darum bemüht, daß andere sich wohlfühlen, als darum, sich selbst wohlzufühlen. Das macht sie schließlich zu einer beliebten, magnetisch anziehenden Persönlichkeit.

- Große Menschen sind solche, die dafür sorgen, daß andere sich groß fühlen.
- Je mehr Interesse du am Nächsten zeigst, umso erfüllter wird dein Beziehungsleben sein.
- Wer an anderen Anteil nimmt, erlebt, daß die anderen auch an ihm Anteil nehmen.
- Wer sich für seine Mitmenschen interessiert, wird viele Freunde haben – und jeder von uns braucht Freunde.

Mit zwei Ohren und einer Zunge

„Das habe ich dir doch schon tausendmal gesagt!“ Kennen wir nicht alle diesen Satz und haben wir ihn nicht selbst schon oft ausgesprochen? Es ist schade, daß man denselben Satz noch weitere hundert Mal verärgert aussprechen kann, ohne verstanden zu werden. Entweder muß hier jemand mit verwinkelten Gehörgängen zum Ohrenarzt gehen, oder derjenige, der mit diesem Satz eine Botschaft an jemanden zu richten versucht, muß sie so vermitteln, daß sie verstanden wird und im Herzen landet. Eine menschliche Verbindung herzustellen ist oftmals schwieriger, als eine Fax- oder Telefonverbindung oder auch eine Bahnverbindung zu fernen, abgelegenen Orten auf diesem Planeten zu bekommen.

Viele Menschen liegen deshalb bei ihren Therapeuten auf der Couch, eine andere, noch größere Anzahl von Menschen bevölkert die Barhocker unzähliger Kneipen. Beide Gruppen suchen oftmals nichts anderes als einen Freund, jemanden, der ihnen zuhört und der sie liebt. Selbst in Kirchen und Gemeinden sitzen sie, halten hungrig nach einem Freund Ausschau und werden nicht satt von einer eineinhalbstündigen Gemeinschaft mit den Nackenhaaren ihres Vordermannes.

Kommen wir zurück zu dem wichtigen und guten Dienst der Barkeeper. Barkeeper sind eindeutig billiger als Therapeuten und die „Sitzungen“, die man bei ihnen für das eine oder andere Gläschen bekommt, dauern länger als bei jedem Therapeuten. Sie hören zu, kommentieren, trinken zur Gesellschaft ein Glas mit, lachen und weinen mit und setzen den angetrunkenen „Freund“ pünktlich um 0 Uhr an die frische Nachtluft.

Auf die Frage, warum es so viele überfüllte Kneipen und Heerscharen von „Seelenklempnern“ gibt, kann es fast nur eine Antwort geben: Weil es so wenig Menschen gibt, die lieben und zuhören können. Ein Prediger sagte einmal: „Ich habe jetzt lange über mich gesprochen. Jetzt will ich etwas von dir hören. Wie fandest du meine Predigt?“ Kommt Dir diese Selbstzentriertheit bekannt vor? Kennst Du auch Leute, die andere mitten im Satz unterbrechen, das Thema auf sich lenken und niemand anderen zu Wort kommen lassen? Der Schließmuskel im Mundbereich, der den Redefluss unseres Predigers hätte stoppen können, war anscheinend reichlich untrainiert. Offensichtlich schien er die Tatsache recht gut verdrängen zu können, daß sich immer schon nach kurzer Zeit die Minen seiner Zuhörer verfinsterten. Genau wie vielen anderen Zeitgenossen schien es ihm überhaupt nicht aufzufallen, daß er anscheinend nur noch von leidgeprüften Märtyrertypen umgeben war. Kein Wunder, daß er keine Freunde hatte und sein Dienst wenig bis gar keinen Erfolg aufwies. Tief in seinem Herzen sei er sehr unglücklich, erzählte er mir später.

Hier noch ein weiteres Beispiel. Eine alte Frau sprach mich nach einem Gottesdienst an und bat um ein Gespräch. „Vielleicht können Sie mir helfen“, begann sie. „Ich leide unsäglich an Einsamkeitsgefühlen. Kein Mensch auf dieser Welt denkt an mich, keiner schenkt mir Aufmerksamkeit und Liebe.“ Die Frau ergoss einen ununterbrochenen Strom von Worten auf mich und schilderte mir die Odyssee ihrer Leiden und insbesondere die ihrer Einsamkeit. Alle ihre Aussagen drehten sich nur um sie selbst. Schließlich stoppte ich ihren Redefluss, um ihr eine Frage zu stellen: „Sie sagen, daß kein Mensch ihnen Aufmerksamkeit und Liebe schenkt?“ „Richtig“, fiel sie mir sofort ins Wort und legte erneut los, um ihre Jammersinfonie fortzusetzen. „Halt“, sagte ich, „ich habe die eigentliche Frage noch nicht gestellt. Wem schenken Sie eigentlich Ihre Zeit, Aufmerksamkeit und Liebe?“ „Aber ich habe doch niemanden mehr“, kam die Antwort.

Lieber Leser, ist es wichtiger, daß andere Menschen auf uns zukommen, um uns zuzuhören, oder geht es eigentlich darum, daß wir für sie da sind und ihnen zuhören?

Alfred Adler, der Begründer der Individualpsychologie, hat gerade diesen Sachverhalt verständlich und nachvollziehbar, allerdings auch sehr spitz formuliert: „Der Mensch, der sich für seine Mitmenschen nicht interessiert, hat im Leben die meisten Schwierigkeiten und fügt anderen am meisten Schaden zu. Solche Menschen sind die Ursache allen menschlichen Elends".[1]

Todsichere Wege, um Freunde zu verlieren

Beachte die folgenden Regeln, wenn Du Deine Freunde loswerden möchtest:

1. Plappere pausenlos in einem fort, und zwar so, als ob Du an einer oralen „Schließmuskelschwäche" leiden würdest.
2. Sprich ununterbrochen nur von Dir selbst und warte auf keinen Fall, bis Dein Gegenüber ausgesprochen hat, sondern unterbrich stilvoll jede seiner Formulierungen und lenke das Gespräch wieder auf Deine Bedürfnisse zurück.

Hier zwei kleine praktische Beispiele dazu:

Sie: „Schatz, ich habe wirklich eine harte und grauenhafte Woche hinter mir."
Er: „Oh, meine war phantastisch. Ich muß dir erzählen, was mir heute Tolles passiert ist."

Wiedererkannt? Wenn nicht, wie wäre es mit Beispiel zwei?

Er: „Mein Chef hat mir heute fünfmal Vorhaltungen gemacht."
Sie: „Ja, ja, dein Chef. – Übrigens, die Kataloge für die Ferienwohnungen sind gekommen. Ich habe da was Süßes entdeckt…"

Diese herrliche Methode würgt mit Sicherheit schon nach ganz kurzer Zeit jedes Gespräch ab. Und da echtes Zuhören unserem

[1] aus: Ulrich Beer „Die Kunst, Menschen für sich zu gewinnnen", MVG-Verlag, S. 160)

Gegenüber einfach viel zuviel Achtung und Respekt zum Ausdruck bringen würde, sollten wir eher so tun, als würden wir Gehörprobleme haben oder einfach zu gedankenvoll sein, um uns mit den Problemchen anderer zu beschäftigen.

Um den entstandenen Ablösungsprozeß von unseren Freunden noch kräftig zu beschleunigen, könnten wir, wie alle großen Egoisten, nebenbei noch den „Meiner-mir-mich"-Song pfeifen. Bedenken wir: Große Egoisten haben nie Freude am Geben, dafür sind sie groß im Nehmen.

Befassen wir uns wieder ernsthaft mit unserem Thema. Warum wohl waren der Prediger und auch die alte Frau, von denen ich in meinen Beispielen berichtete, unglücklich? Antwort: Weil Egozentriker sich in Wirklichkeit gar nicht lieben, sondern hassen. Beide brachten durch ihr Verhalten zum Ausdruck, daß sie fast überhaupt kein Interesse an ihrem Gesprächspartner hatten, dafür aber völlig auf sich selbst und ihr Wohlbefinden konzentriert waren. Sie hatten meine Denkanstöße zwar aufgegriffen, aber nur, um letztendlich ihr eigenes Thema erneut einbringen zu können.

Es ist eine erwiesene Tatsache, daß gerade bei den Menschen, deren Gesprächsstil einer Einbahnstraße gleicht, sehr häufig die Beziehungen in die Brüche gehen bzw. gar nicht erst aufgebaut werden können. Oftmals ist ihr Liebesdefizit so groß, daß sie sich in Gesprächen nur profilieren wollen, um auf diese Art und Weise ihren Mangel zu kompensieren.

Derjenige, der seinen Gesprächspartner oft unterbricht, nicht ausreden läßt und obendrein nur sehr selten an den Aussagen und Gedanken anderer anknüpft, wird in der Regel als unangenehmer Egoist erlebt und zukünftig mit Recht gemieden. Personen, die besonders gern Monologe halten, beklagen sich häufig über unkonzentrierte und mangelnde Zuhörer. Belehrendes Gehabe, sei es noch so religiös oder wissenschaftlich fundiert, verschließt – besser noch verriegelt – die Tür zum Herzen des Nächsten. „... das Wissen macht eingebildet; nur die Liebe baut die Gemeinde auf" (1 Kor 8,1b).

Die Leute aus den Zeiten des Alten Testamentes mußten auch schon ganz ähnliche Erfahrungen gemacht haben (Spr 18,13): „Wer antwortet, bevor er zugehört hat, zeigt seinen Unverstand und wird nicht ernst genommen.“ Im ersten Johannesbrief steht noch eine weitere, interessante Aussage, die mehr Licht in diesen Zusammenhang bringt: „Wir wissen, daß wir die Grenze vom Tod ins neue Leben überschritten haben. Wir erkennen es daran, daß wir unsere Brüder lieben. Wer dagegen nicht liebt, bleibt tot“ (1 Joh 3,14). Anders ausgedrückt: Wenn uns die Liebe für Menschen und Geschwister fehlt, so bleiben unsere Beziehungen und Kontakte tot. Zuhörende Kommunikation ist eine grundlegende Ausdrucksform der Liebe. Sie ist nicht nur erfrischend, belebend und beziehungserneuernd, sondern gleichzeitig auch das Ende jeden Alleinseins.

Was wir von Biolek lernen können

Gestern abend hatte ich das Vergnügen, im Fernsehen einen der besten Interviewer und Zuhörer, nämlich Alfred Biolek, im Gespräch mit verschiedenen Leuten zu beobachten. Als Menschenkenner versteht es Herr Biolek auf exzellente Weise, Informationen sowohl aus schüchternen, verschlossenen Gästen als auch aus stolzen, überheblichen Menschen hervorzuzaubern, um sie einem Millionenpublikum von Fernsehzuschauern zu präsentieren. Seinen großen Erfolg als Moderator verdankt er seiner unaufdringlichen, sanften, leicht zurückgenommenen Art, bei der selbst schüchterne und scheue Menschen auftauen, weil sie sich sicher und angenommen fühlen. Jeder fühlt sich von ihm deshalb akzeptiert und ernstgenommen, weil „Bio“ sich hundertprozentig auf sein Gegenüber einstellen kann und es zum Mittelpunkt der Konversation macht.

Hier kommen wir zu einem weiteren biblischen Prinzip, das die Psychologen „Empathie“ nennen: „Freut euch mit den Fröhlichen und weint mit den Traurigen“ (Röm 12,15). Wer echte Freunde gewinnen will, muß sich in sein Gegenüber einfühlen und sich für die Familie, die Hobbys und den Job des anderen interessieren. Schon ganz banale Fragen wie die folgenden können weiterhelfen:

- Wie hast du das bloß hingekriegt?
- Welches ist dein Lieblingsfilm?

- Wie bist du in unsere Gemeinde/Firma gekommen?

Dabei sollten wir darauf achten, daß unsere Fragen nicht einem Verhör gleichkommen. Hilfreich ist es auch, Zustimmung zu geben, indem man z. B. mit dem Kopf nickt oder die Meinung des anderen akzeptiert, ohne gleich Kommentare abzugeben. Es gibt wohl kaum etwas Gewinnenderes als wirkliche Liebe, die zuhört und den Nächsten in den Mittelpunkt stellt. Warum fliegen einigen bescheidenen Zeitgenossen die Herzen nur so zu, wohingegen andere – oftmals stärkere und intelligentere Persönlichkeiten, die sich auch noch markant herauszustellen verstehen – kaum ein Herz erobern können?

Wenn Du viele Freunde hast, bist Du ganz bestimmt ein guter Zuhörer, der sein Gegenüber in den Mittelpunkt stellt. Solltest Du jedoch von dem Plan beseelt sein, Deinen Freundeskreis zu erweitern, so gebe ich Dir folgende dringende Empfehlung:

Höre zu. Stelle Deinen Gesprächspartner in den Mittelpunkt und lache mit ihm oder – wenn es nötig ist – weine auch mit ihm.

Der sicherste Weg, um Freunde zu gewinnen

„Wir haben zwei Ohren und nur eine Zunge, damit wir mehr hören und weniger sprechen", hat Diogenes einmal gesagt.

Kommen wir wieder auf unsere goldene Regel für Freundschaft zurück: Behandelt die Menschen so, wie ihr selbst von ihnen behandelt werden wollt. Was empfindest Du, wenn Dein Gegenüber Dir nicht richtig zuhört? In der Regel regt sich in uns das unangenehme Gefühl, für unseren Gesprächspartner nicht besonders wichtig zu sein. Vielleicht überkommt Dich auch das Gefühl, Dein Gegenüber hört Dir nicht zu, weil er schon zu wissen glaubt, was Du sagen möchtest. Versetzen wir uns nun einmal in die Lage unseres Gesprächspartners, der unseren Worten permanent zuhören muß. Wie mag es ihm oder ihr dabei gehen, wenn er Dir zuhört? Jeder von uns wünscht sich doch, daß man ihm gut und aufmerksam zuhört.

Du möchtest, daß man Dir zuhört – dann höre anderen aufmerksam zu. Nichts schmeichelt unserem Gegenüber mehr als aktives Zuhören. Noch einmal: Sei mehr darum bemüht, daß sich Dein Gesprächspartner mit sich selbst wohlfühlt, als darum, daß es ihm durch Deinen Input (so wichtig der auch sein mag) gut geht. Wer einen Freund haben will, sollte selbst ein Freund sein. Wer glücklich, anerkannt und geliebt sein will, sollte andere glücklich machen, indem er sich für sie interessiert.

Frau A., die mich über ein Jahr lang immer sehr kritisch beäugt hatte, wünschte einmal ein längeres Gespräch mit mir. Ich achtete bewußt darauf, die gerade geschriebenen Regeln der Nächstenliebe zu praktizieren, indem ich mich im Gebet mit der Liebe Gottes füllen ließ und ihr aktiv zuhörte. Ich versuchte, mich in ihre Situation hineinzuführen, sie zu loben und ihr Selbstwertgefühl zu stärken. Am Ende unseres Gesprächs sagte sie: „Ich dachte immer, so jemand wie du kann mich gar nicht verstehen. Du bist ja ganz anders, als ich dachte." Tage später sagte ein Mitarbeiter zu mir: „Andreas, ich weiß gar nicht, was mit Frau A. los ist. Sie hält plötzlich Riesenstücke auf dich." In diesem Moment wußte ich, daß ich eine Freundin dazubekommen hatte. Auf die Bedürfnisse der anderen einzugehen, macht sich immer für beide Partner bezahlt.

Lebensglück multiplizieren durch Zuhören

Es ist traurig festzustellen, daß manche Menschen fast ein ganzes Leben dazu brauchen, um zu verstehen, wie leicht es ist, andere Menschen und sich selbst durch Zuhören glücklich zu machen. Ungefähr zweimal in der Woche treffe ich einen älteren Mann aus meiner Nachbarschaft, der bereits drei Schlaganfälle hinter sich hat. Obwohl er sich mit Worten nicht mehr mitteilen und sich auch kaum noch bewegen kann (für zwanzig Meter braucht er zwanzig Minuten), leuchten seine Augen jedes Mal vor Freude und Dankbarkeit, wenn er mich sieht. Auf meine Frage nach seinem Befinden antwortet er mit minutenlangen Aaa-Lauten und bewegt dazu seinen gesunden Arm. Die Gestik in seinem Gesicht drückt in solchen Momenten mehr aus als tausend Worte. Offensichtlich nimmt er trotz seiner starken Behinderungen Anteil am Leben der Menschen um sich herum. Tief in meinem Inneren spüre ich jedes Mal die enorme Liebe, die von diesem alten Mann zu mir strömt. Eine leichte Berührung oder ein liebes Wort versetzen ihn in echte Hochstimmung. Es ist leicht, einen Menschen glücklich zu machen, indem man auf ihn eingeht und ihm zuhört, selbst wenn er nur unverständliche Laute von sich geben kann. Jeder Mensch lebt von der Beachtung und stirbt an der Mißachtung.

Eine Frau erzählte mir, daß ihr Mann sie regelmäßig schlagen und das Haushaltsgeld in Alkohol umsetzen würde. Sie fühle sich hilflos, sei täglich voller Angst und würde zu Hause nur wie auf rohen Eiern umherlaufen. Ich hörte ihr zu und legte ihr dabei meine Hand behutsam auf die Schulter. Tränen liefen ihr die Wangen herunter. Nach einiger Zeit atmete sie tief durch, wischte sich die Tränen ab und sagte: „Andreas, das hat mir eben sehr geholfen.“ Obwohl ich in keinster Weise das Gefühl hatte, ihr praktisch geholfen zu haben, drückte sie mich kräftig und wir gingen auseinander. Ich hatte ihr Problem zwar nicht gelöst, doch war sie einen erheblichen Teil ihrer Seelenlast losgeworden, weil ich ihrem Leid zugehört hatte. Sie war mit der Gewißheit weggegangen: Es gibt doch noch jemanden, dem ich etwas bedeute. Er hat sich Zeit genommen, mir zuzuhören.

Zeigen wir unseren Mitmenschen doch, daß wir sie schätzen und lieben, indem wir ihnen zunächst einmal zuhören. Finden wir unser Glück, indem wir andere glücklich machen. Ist es nicht wunderbar: Wer liebt, der wird auch geliebt!

Der ehemalige amerikanische Präsident Benjamin Franklin schrieb in seiner Biographie:

> *„Als ich erfahren hatte, daß bei einem Gespräch durch den Gebrauch der Ohren mehr Wissen vermittelt wird als durch die Zunge, räumte ich dem Schweigen unter allen Fähigkeiten, die ich mir zu pflegen vornahm, den zweiten Platz ein.“*[2]

---

2 aus: Dale Carnegie, „Wie man Freunde gewinnt“, Scherz-Verlag, Auflage 1994).

Untersuchungen belegen, daß erfolgreiche Verkäufer nur halb so viel reden wie die weniger erfolgreichen. Für den erfolgreichen Umgang mit Menschen gilt das gleiche. Wenn Eltern ihren Kindern in einer aktiven Weise zuhören, statt sie ständig zu bevormunden, ermöglichen sie ihren Sprößlingen das Vergnügen der Lösungsfindung bei vielen Problemen. Wer so zuhört, stärkt seinen Kindern den Rücken, ohne in einen befehlenden Kasernenton verfallen zu müssen.

Ein Wort an die Leiter

Häufig verlieren Menschen mit wachsender Verantwortung die Fähigkeit des Zuhörens und verfallen einem sehr eingleisigen Gesprächsstil, der bei manchen regelrecht Befehlsform annimmt. Die Ursache: Gefragte Persönlichkeiten, von denen jeder einen Rat, einen Tip, eine Entscheidung erwartet, stehen oft in der Gefahr, ihr Hörvermögen langsam, aber sicher dadurch zu verlieren, daß sie gewohnt sind, für alle eine Antwort parat zu haben. Die Rollenvorgabe sorgt für den Rest. Den freundlichen, einfühlsamen Zuhörer, der sie einmal waren – und dem sie womöglich ihre Position zu verdanken haben –, gibt es nicht mehr. Gerade als Pastor eines immer größer werdenden Beziehungsnetzes kenne ich diese Ermüdungserscheinungen sehr gut. – Doch ich bekämpfe sie, weil ich weiß: Taube Ohren sind bereits ein Indiz für eine verengte Denkweise und eine Gefahr für jedes Unternehmen oder jede Gemeinde. Aus diesem Grund weiß zum Beispiel eine Gemeindeleitung oft wenig über die Umtriebe an der Basis. Früher wenigstens verkleidete sich noch der Kaiser und mischte sich unter sein Volk, um sich umzuhören. Aber heutzutage? Aus diesem Grund gilt besonders für Leiter, was Jakobus so auf den Punkt brachte: „Denkt daran, liebe Brüder: Jeder soll stets bereit sein zu hören, aber sich Zeit lassen, bevor er redet, und noch mehr, bevor er zornig wird“ (Jak 1,19).

Für mich ist es wichtig, in Tuchfühlung mit unseren Gemeindegliedern zu sein. Ich möchte wissen, was sie vom CZW halten, welchen Dienst sie in der Gemeinde tun, welche Vision sie im Herzen tragen, welche Sorgen sie sich machen und welche Verbesserungsvorschläge sie haben. Im Gegenzug dazu mache auch ich mir Gedanken darüber, über welche Themen ich predigen sollte, um ihren Bedürfnissen zu begegnen.

Je höher unsere Position ist – und damit unsere Verantwortung –, umso gründlicher müssen wir zuhören. Deine Führungsqualitäten sowie Dein Erfolg sind in hohem Maße von der Fähigkeit des Zuhörenkönnens abhängig.

Darüber hinaus gehen Experten davon aus, daß Kommunikation achtzig Prozent der Leitertätigkeit ausmacht. Die größten und brillantesten Ideen in einer großen Gemeinde oder einem Unternehmen entstehen im großen Arbeitsfeld der unterschiedlichen Dienst- und Arbeitsbereiche und nicht bei den Leitern. Viele großartige Ideen, Impulse und Innovationsschübe liegen brach, weil in vielen Gemeinden und Unternehmen die Verbindung zur „Führungsetage" unterbrochen ist.

Seitdem ich Gemeindeglieder ermutige, selbst neue Ideen zu entwickeln und sie zu präsentieren, sind viele neue und interessante Dienstbereiche bei uns entstanden. Jeder Leiter muß sich Zeit zur Kommunikation nehmen, und zwar bei jeder sich bietenden Gelegenheit. Kommunikation in beide Richtungen ist ein absolutes Muß.

Schaffe ein positives Klima für aufgeschlossene Kommunikation.

Leiter großer Gemeinden oder Organisationen müssen in Zukunft wirksamer kommunizieren und motivieren, als es noch vor ein paar Jahren üblich war. In einer schnelllebigen und ständigen Wechseln unterworfenen Zeit haben wir als Kirche Jesu eine zentrale Aufgabe – nämlich am Ball zu bleiben.

Da ich gerade die großen Wahrheiten nicht mit aufwendigem Vokabular behängen möchte, werde ich in den folgenden acht Schritten in Kurzform das elementare Wissen festhalten, das meines Erachtens allen guten Leitern und Menschenfreunden zu eigen ist, die wirklich erfolgreich sind:

1. Der Schlüssel zum Herzen des Nächsten liegt in seinen Bedürfnissen, die angesprochen werden müssen. Sobald Du von den Dingen sprichst, die andere interessieren, hast Du eine tiefe Verbindung zu ihnen.
2. Um Menschen glücklich zu machen und Freunde zu gewinnen, vermeide es möglichst, Deine eigenen Sichtweisen und Meinungen in den Vordergrund zu stellen.
3. Laß Dein Gegenüber im Mittelpunkt des Gesprächs stehen.
4. Es ist wichtig, daß Dein Gesprächspartner redet und Du Dich in ihn „hineinhorchst".
5. Optimal ist es, derjenige zu sein, der die Fragen stellt, denn dadurch wird unser Redefluss gestoppt und unser Gesprächspartner hat das Gefühl, als Person und mit seiner Meinung geschätzt zu sein.
6. Wenn wir bewußt und konzentriert zuhören, senden wir das Signal aus: Ich höre dir gern zu, weil ich dich schätze. Ich interessiere mich für dich.
7. Niemand, der konzentriert zuhört, schläft ein.
8. Versetz Dich immer wieder in die Lage Deiner Zuhörer und stell Dir die Frage, wie es ihnen ergehen mag.

Gewinne Freunde. Wie?
Mit zwei Ohren und einer Zunge.

Zusammenfassung

- Zeige Interesse am Nächsten!
- Sei ein aufmerksamer Zuhörer!
- Mach Dein Gegenüber zum Mittelpunkt!
- Je größer unsere Verantwortung, umso gründlicher sollten wir zuhören!

Wichtige Gedanken, die ich mir einprägen will:

1. ______________________________

2. ______________________________

3. ______________________________

4. ______________________________

Angestrebte Verhaltensänderungen im Umgang mit anderen:

1. ______________________________

2. ______________________________

3. ______________________________

4. ______________________________

Meine persönliche Zielsetzung für praktische Veränderungen:

1. ______________________________

2. ______________________________

3. ______________________________

4. ______________________________

Prinzip 7: Ein positives Selbstbild – Schlüssel zur attraktiven Persönlichkeit

Einst sagte ein Mann: „Ich bin ein unglücklicher, unattraktiver, uninteressanter, häßlicher Mensch. Welche Frau könnte mich schon lieben?“ Antwort: Nur eine Frau, die einen unglücklichen, unattraktiven, uninteressanten, häßlichen Mann sucht. „Wenn wir uns selbst nicht mögen, mögen uns andere auch nicht“, lautet eine altbekannte Volksweisheit. Keiner von uns reagiert begeistert, wenn man ihn kritisch beäugt und an ihm herumnörgelt. Schon gar nicht, wenn es zu boshaften Unterstellungen kommt oder Halbwahrheiten über uns in die Welt gesetzt werden. Das Problem ist jedoch, daß wir oftmals selbst diejenigen sind, die sich die Schmerzen in Form von Selbstkritik und Selbstablehnung zufügen und von daher für unsere Umwelt alles andere als attraktiv sind.

Eine Frau sagte mir einmal: „Ich verstehe nicht warum. Alle Menschen scheinen mich abzulehnen. Mein Mann hat mich verlassen, weil er mich nicht leiden konnte; meine Kinder lehnen mich ab. Alles, was ich anpacke, läuft schief. Für jeden bin ich bedeutungslos. Selbst meine Nachbarn zeigen mir, daß sie mich ablehnen.“ Nach zweistündigem Gespräch mit ihr stellte ich langsam auch in mir eine ablehnende Tendenz ihr gegenüber fest. Doch dann verstand ich. Ihr Problem bestand darin, daß sie durch ihre Ablehnung sich selbst gegenüber ihren Mitmenschen nur sehr wenig Möglichkeiten gab, sie zu mögen.

Gib Deinen Mitmenschen mehr Möglichkeiten,
Dich zu mögen, indem Du Dich ihnen anders präsentierst.

Es liegt in Deiner Hand, ob Du anziehend oder abstoßend auf andere wirkst. Wer häufig negativ über sich selbst spricht, lädt sein Selbstbild negativ auf. Jemand sagte einmal: „Unsere Ketten im Leben sind selbstgeschmiedet.“ Wie diese Frau hassen viele Menschen ihre Kette, die sie jedoch im gleichen Atemzug nicht aufgeben wollen, sondern als Statussymbol des armen, gebeutelten Menschen mit sich herumschleppen. Stell Dir bitte einmal folgende drei Fragen:

1. Baue ich ein negatives Selbstbild auf und reduziere ich so meine Attraktivität?
2. Klammere ich mich an die bittersüße Freude des Selbstmitleids?
3. Wohin bringt mich mein bedrückter Gemütszustand in Sachen Freundschaft?

Vielleicht kannst Du Dich mit dieser Form von Selbstablehnung, von der diese Frau geprägt ist, weniger identifizieren. Wie aber sieht es mit folgenden Aussagen aus, denn die Kunst, sich abzuwerten, ist weitaus vielschichtiger, als manche glauben wollen:

- Meine Leistung war nichts Besonderes, das hätte wahrscheinlich jeder gekonnt.
- Das war doch mehr Glück als Verstand.
- Ach, das ist mir halt zufällig mal gelungen. Normalerweise blicke ich es auf keinem Auge.

Halten wir fest: Jede Untertreibung ist eine weitere Form der Selbstablehnung. Nur wer aufhört, sich abzuwerten, hat – wie wir inzwischen wissen – eine echte Chance, Freunde zu gewinnen. Natürlich haben wir alle unsere Schwächen. Wir stottern vielleicht, haben Schwierigkeiten, pünktlich zu sein, machen jede Menge Rechtschreibfehler, werden rot, sind langsamer als andere, usw. Aber warum verurteilen wir andere mit den gleichen Fehlern und Schwächen auch nicht annähernd so hart wie uns selbst?

Personen mit einem positiven Selbstbild verbreiten eine gute Atmosphäre. Sie haben es nicht nötig, sich und andere durch Kritik abzuwerten, sondern sie sind im Gegenteil hilfsbereit, zuvorkommend und ermutigend. Nutzen wir doch den großartigen Umkehreffekt, indem wir damit beginnen, ein positives Selbstbild aufzubauen.

Trainiere eine positive Geisteshaltung, indem Du

- Deine Lebenschancen auf- und nicht abwertest,
- damit beginnst, Dich bewußt positiv zu beurteilen,

- Dich jedesmal auf frischer Tat ertappst, wenn Du im Begriff bist, Dich abzuwerten,
- im entsprechenden Moment laut aussprichst: Stop, ich werde mich mit meinen Stärken und Schwächen akzeptieren, denn meine Selbstachtung gehört zu den wichtigsten Dingen in meinem Leben.

Beginne mit dem Training für eine positive Geisteshaltung, indem Du nachfolgend zehn Deiner Stärken und Qualitäten auflistest:

1. ______________________________

2. ______________________________

3. ______________________________

4. ______________________________

5. ______________________________

6. ______________________________

7. ______________________________

8. ______________________________

9. ______________________________

10. ______________________________

Meide Pessimisten!

Wer sind die Pessimisten, die wir meiden sollten? Heerscharen von Menschen reden das Unglück und negative Schicksalsschläge herbei. Echte Pessimisten erwarten niemals Erfolg und Durchbruch (Magendurchbrüche ausgenommen), denn sie verstehen sich auf die Kunst, Alpträume zu verwirklichen. Was sie fürchten, bricht früher oder später über sie herein. Ist es da noch ein Wunder, daß eines Tages ihr reduziertes Selbstwertgefühl zu ihnen paßt wie ein Kinderfuß in einen Herrenschuh der Größe 44?

Vielleicht erheben einige meiner Leser jetzt folgenden Einwand: „Ich kann doch nicht so naiv sein und meine Lebenssituation so positiv sehen, wenn doch vieles so negativ ist. Ich will lieber ein aufrechter Christ sein und mir nichts vormachen."

Natürlich möchte ich niemanden dazu motivieren, sich zu belügen. Vielmehr ist es mein Anliegen, jeden Leser dahingehend zu ermutigen, das Leben so zu sehen, wie es ist. Pessimisten sehen nie die ganze Lebenswirklichkeit, sondern nur einen überschaubaren Teilausschnitt des Lebens. Sie haben eine selektive, einseitige Wahrnehmung, die ein Ausdruck dafür ist, daß es ihnen an kritischer Distanz zu sich und ihren Lebensumständen fehlt. Markenzeichen dieser Distanz ist ihre erschreckende Humorlosigkeit. Dies ist der Grund für ihre Leiden und auch die Ursache für das Fehlen jeglicher Freude in ihrem Leben.

Suche die Gemeinschaft mit positiven Menschen

In meinem Dienst stelle ich immer wieder fest, daß man als Seelsorger zu schnell zum Kristallisationspunkt für negative Botschaften wird. Eine Frage, die ich mir oft selbst gestellt habe, lautet: Wieviel negatives Reden kann ich vertragen und wann werde ich selbst negativ? Sicherlich hat jeder von uns eine andere Toleranzgrenze, doch wir alle sollten folgenden Rat beherzigen: Suche Gemeinschaft mit positiven Menschen und verbringe Zeit mit ihnen. Ich persönlich suche immer wieder die Verbindung zu glaubensvollen Menschen mit positiver Einstellung und Ausstrahlung, da ich bei ihnen wieder auf andere – gute – Gedanken komme. Ihr lebendiger Glaube beeindruckt mich immer wieder und fordert mich regelrecht zur Nachahmung heraus. Kein Wunder, daß ich nach jedem Treffen mit ihnen erfrischt, motiviert und gestärkt bin. Mehrere von diesen Freunden sind in unserer Gemeinde. Ein Merkmal dieser Menschen, die aus einer lebendigen Beziehung zu Christus leben, ist, daß sie keine Zäune mehr in ihrem Kopf dulden. Sie leben nach der Devise: Warum soll ich nur das erreichen, was andere mir zutrauen? Ich glaube an einen großen Gott und deshalb werde ich Großes zustandebringen. Alles, was vor mir entsteht, erwächst aus meinem Vertrauen auf unseren liebevollen Gott.

Eigentlich ist das der Normalfall: Ein Christ sollte sich in seiner Haut wohlfühlen und voller Freude und Zuversicht sein – egal, wie es in der jeweiligen Lebenssituation aussieht. Wer jedoch von Gottes Liebe erfüllt ist, kann diese Welt (die Pessimisten eingeschlossen) nicht mehr anders anschauen als mit liebenden Augen. Immer wieder wird ihn der Gedanke beschäftigen, wie er etwas dazu beitragen kann, daß die Menschen um ihn herum etwas von der Herrlichkeit Gottes in ihrer oft problembeladenen Lebenssituation erfahren.

Wer seine geistliche Mitte gefunden hat, gerät nicht an den Rand

Es ist eine unumstößliche Voraussetzung: Wenn wir in dieser Welt heil durchkommen wollen, brauchen wir innere Stärken. Kein Mensch ist vor harten Schicksalsschlägen gefeit, deshalb brauchen wir genügend innere Reserven und geistliche Widerstandskraft. Jeder von uns ist in Wirklichkeit viel stärker, als er zu sein glaubt. Ist es nicht begeisternd zu sehen, daß keiner von uns als schwacher Jammerlappen sein Dasein fristen muß? Erhalten wir nicht exzellente Lebensvorgaben, die uns stärken? Man könnte fast sagen, daß Probleme und Hindernisse nur dazu da sind, um an ihnen zu wachsen und unsere inneren und geistlichen Stärken zu mobilisieren.

Finde Deine geistliche Mitte

Mitten in dem gewaltigen Sturm auf dem See Genezareth, als alle Jünger schon in Angst und Hektik geraten waren, ruhte Jesus völlig in sich. Selbst, als ihn seine orientierungslosen Jünger aufgeregt weckten und ihn wie gebannt anstarrten, strahlte er Ruhe, Sicherheit und Geborgenheit aus. Was wir von dieser kurzen Szene ableiten können, ist folgendes: Die meisten Menschen, die sich ihr ohnehin zumeist schwaches Selbstwertgefühl zur Mitte machen, werden von den Stürmen des Lebens hin- und hergeworfen, werden nervös und verlieren den Überblick.

Ist es Dir auch schon aufgefallen? Ein Mensch, der in Gott ruht, wirkt anziehend, denn er strahlt Geborgenheit aus und vermittelt auch anderen Sicherheit. Solche Menschen stehen – meist ohne das zu wollen – wie Jesus im Mittelpunkt, weil Gott ihre Mitte ist. Ein Mensch, der diese Mitte noch nicht gefunden und gefestigt hat, ist oftmals verspannt, oberflächlich und unsicher. Da seine Mitmenschen nicht besonders auf ihn reagieren, kämpft er hektisch um Anerkennung. Er ist ein Mensch, der neben sich steht, oder wie die Psychologen sagen würden: der seine Identität noch nicht gefunden hat.

Doch wie machen wir Gott zu unserer Mitte? Von Paulus stammt die wichtige, oftmals übersehene und mißachtete Lebensregel, daß wir in unserer Schwachheit in Gott stark sind. Nur zu oft habe ich erlebt, wie sich Gottes Stärke gerade in zerschlagenen Menschen Wege bahnt. Für Gott scheint es wertvoll zu sein, Menschen mit demütigen Herzen seine Kraft zu verleihen. Ohne eine demütige Grundhaltung ist es deshalb ababsolut unmöglich, zu jener inneren Mitte und Stabilität zu gelangen, die wir in Gottes Liebe und seiner Kraft finden. Im Jakobusbrief finden wir solche Aussagen (Jak 4,9f): „Klagt über euren Zustand … Beugt euch tief vor dem Herrn, dann wird er euch großmachen.“ Innere *menschliche* Stärke, Unabhängigkeit und Selbstverwirklichung laden den Heiligen Geist aus, der eigentlich als machtvoller Helfer wirksam werden möchte. Wenn wir uns selbst produzieren, wird er sich eher enttäuscht in einen inneren Winkel unseres Menschseins zurückziehen. Nur wer seine Unzulänglichkeiten und inneren Nöte realistisch erkennt, schafft Raum für Gott. Liebe und Erfrischung, innere Stärke und wachsende Sicherheit sind die Folgen dieses wunderbaren Prozesses. Erst, wenn wir ganz von Gottes Kraft und seiner Liebe erfüllt sind, beziehen wir göttliche Durchschlagskraft für unser Alltagsleben. Erst jetzt erfüllt sich, was Paulus in einem wunderbaren Satz zusammengefaßt hat (Apg 17,28): „Denn in ihm leben wir, bewegen wir uns und sind wir …“ (Einheits-Ü.).

- In ihm lebe ich – das ist meine Identität.
- In ihm bewege ich mich – er ist meine Energie und Kraft in jeder Situation meines Lebens.
- In ihm bin ich – das ist die tiefste Erfüllung meines menschlichen Seins.

In Gott zu sein bedeutet, eine ansteckende, anziehende, ja begeisternde Persönlichkeit zu sein, die auf andere eine Auswirkung hat. Jesus sagte nicht: „... jeder, der sich vertraut ... aus seinem Innern wird lebendiges Wasser strömen“ (Joh 7,38) sondern frei übersetzt „jeder, der mir vertraut, wird von göttlicher Lebenskraft, Vitalität, Inspiration und Lebensfreude nur so überfließen.“ Er machte auch noch eine andere zentrale Aussage: „... Das Reich Gottes ist (schon) mitten unter euch“ (Lk 17,21, Einheits-Ü.). Dieser Vers kann lt. Fußnote auch folgendermaßen übersetzt werden: „Das Reich Gottes ist in euch.“ Solange wir diese Wahrheit zur angewandten Lebensregel machen, werden wir nicht wie so viele Menschen am offenen Scheunentor göttlicher Segnungen verhungern oder direkt neben der Quelle seiner Kraft verdursten.

Mach Gott zu Deinem Mittelpunkt, so wirst Du nur noch selten aus dem Gleichgewicht geraten! Konzentriere Dich auf Deine Identität in Gott, und Du findest Deine Mitte, aus der Dich so schnell nichts mehr an den Rand drängen kann! In Gott zu ruhen ist die Basis jeder gewinnenden Persönlichkeit.

Die Kraft der positiven Vorstellungskraft

Angenommen, Du hast festgestellt, daß Dein Selbstbild sehr zu wünschen übrig läßt. Daraufhin hast Du beschlossen:

- Dich nicht mehr am hochprozentigen Selbstmitleid zu berauschen,
- Deine Lebenschancen nicht mehr negativ zu sehen, sondern positiv zu bewerten und
- die Gemeinschaft positiver, inspirierender Menschen, die in einer lebendigen Beziehung mit Gott leben, zu suchen.

Alle diese Entscheidungen werden Dein Selbstwertgefühl stärken und aufbauen. Kommen wir trotzdem noch einmal auf die Ursache von Minderwertigkeitsgefühlen zu sprechen.

Ein von Minderwertigkeitsgefühlen verzerrtes Selbstbild ist weder ein angeborener noch ein vererbter Geisteszustand. Vielmehr ist es entwickelt und eingeübt worden, bis der chronische

Selbstzweifel die Seelenlandschaft zerklüftete. Etwas, was uns neben dem bisher aufgeführten Aufbauprogramm zusätzlich weiterhilft, ist ein geistliches und gedankliches Training, denn jede Haltung der Minderwertigkeit kann durch Dein entschlossenes Handeln und durch Gottes Hilfe in ein positives Selbstbewußtsein verwandelt werden. Alles, was Du brauchst, ist eine klar umrissene Vorstellung von dem, wie Du gerne sein möchtest – nämlich ein Mensch mit positivem Selbstbild und zwar in Anlehnung an den „Bauplan Gottes".

Der Frankfurter Messeturm, die Akropolis, die alten ägyptischen Pyramiden sowie das Ulmer Münster existieren nicht nur auf kleinen Postkarten, sondern auch als reale Bauwerke. Sie werden von Tausenden von Menschen besucht und von Millionen von Tauben bekleckert. Hier gilt es, kurz innezuhalten und sich daran zu erinnern, daß die Existenz dieser imposanten und vielbewunderten Bauwerke zunächst einmal in der Vorstellungswelt von Architekten auf die Welt kam. In gleicher Weise brauchst auch Du eine Vorstellung davon, wie Dein Selbstwertgefühl beständig wachsen und wachsen kann. Sieh Dich als einen von Gott und Menschen geliebten und selbstbewußten Menschen, der mit Charme und Ausstrahlung auf seine Mitmenschen anziehend wirkt. Sieh Dich als einen Menschen, der die Liebe und Annahme Gottes ausstrahlt. Und dann setze ehrlich Schritt für Schritt Deinen „Entwurf" in die Wirklichkeit um.

Wichtige Gedanken, die ich mir einprägen will:

1. ______________________________

2. ______________________________

3. ______________________________

4. ______________________________

Angestrebte Verhaltensänderungen im Umgang mit anderen:

1. ______________________________

2. ______________________________

3. ______________________________

4. ______________________________

Meine persönliche Zielsetzung für praktische Veränderungen:

1. ______________________________

2. ______________________________

3. ______________________________

4. ______________________________

Prinzip 8: Steigere Deine Kontaktfähigkeit

Ein Mensch, der an einer Nierenbeckenentzündung leidet, sucht in der Regel schnellstens einen Urologen auf. Leiden wir aber unter Minderwertigkeitsgefühlen, so ziehen wir uns oft in unser seelisches Schneckenhaus zurück. Wir beginnen, unsere Mitmenschen zu überschätzen und unterschätzen uns selbst aufs Gründlichste. Je größer unsere Minderwertigkeitsgefühle werden, umso kleiner scheint unsere Fähigkeit zu sein, eine gesunde Beziehung zu anderen aufbauen zu können.

Jemand, der sich selbst als Versager abstempelt, lebt eigentlich nur nach seinem negativen Selbstbild, das er ständig neu ausgestaltet. So ein Mensch kann irgendwann nicht einmal mehr glauben, daß Gott ihn liebt; er akzeptiert die eigene Größe nicht mehr, stellt sich nur noch in Frage und zieht sich schließlich zurück. Doch es muß – unserem Vater sei Dank – nicht so weit kommen. Die gute Botschaft für jeden von uns lautet, daß niemand gezwungen ist, mit einem alten, negativen Selbstportrait zu leben. Statt Rückzug sollte unser Motto „Beziehungsoffensive" heißen.

Jeder von uns lebt in der Regel weit unter seinem Selbstwertpotential und läßt auf diese Weise zahlreiche Möglichkeiten und Chancen ungenutzt verstreichen. Die meisten Menschen verfügen eigentlich über ausreichend Kontaktmöglichkeiten. Der Schatz an ungeahnten Möglichkeiten, der sich dahinter verbirgt, wird allerdings von den wenigsten entdeckt, geschweige denn gehoben.

Wecke Deine schlummernden Aktivposten. Wer sich bemüht, seine Scheu abzustreifen und Beziehungen zu knüpfen, muß wissen, daß er nicht umhinkommt, gegen seine Menschenfurcht oder die Angst vor Ablehnung anzukämpfen. Wenn Du dagegen angehen möchtest, denke an Folgendes: Es ist eher ganz normal, wenn wir auf dem ganzen Gebiet der Kontaktaufnahme etwas gehemmt, scheu, vielleicht sogar verklemmt sind.

Es ist auch absolut nicht notwendig, irgendeine Fähigkeit zu besitzen, mit der man sich ins Rampenlicht stellen könnte. Es gibt nichts Traurigeres, als sich zu produzieren, in der Meinung, das käme an. Gerade die Party-Nudeln und Klassen-Clowns haben oft große Probleme auf der Ebene der Kontaktfähigkeit. Bei den Menschen, auf die wir wirken wollen, zählen meistens ganz andere Werte.

Ich unterstelle jedem, der dieses Buch über Freundschaft gekauft hat und es liest, daß er oder sie Menschen mag und liebt. Mach es Dir deshalb zur Aufgabe, dies auch auszudrücken. Wenn Du die folgenden Punkte bewußt umsetzt, wird obendrein Dein Selbstwertgefühl enorm gestärkt.

Den meisten Menschen ist gar nicht bewußt, daß sie über ein ungeahntes, gewaltiges Kommunikations- und Kontaktpotential verfügen, das uns fähig macht, jeden Tag neue Menschen kennenzulernen und Beziehungen aufzubauen. Keiner von uns sollte die vielen Chancen, den ersten Schritt auf eine andere Person zuzugehen, verschenken, indem er nur in einer abwartenden Position verharrt. Bevor wir uns jedoch intensiver mit unserer Kontaktfähigkeit auseinandersetzen, sollten wir uns zunächst damit befassen, welche Auswirkungen unser *Outflt* auf andere Menschen hat.

Ein gewinnendes Outfit

Vermutlich sind wir beide der Meinung, daß ein flott aufgeputztes Äußeres nie die Grundlage für Beziehungen und Freundschaft darstellen kann. Klarer Fall. Aber sind wir deswegen schon unempfindlich gegenüber visuellen Reizen? Beginnt nicht auch bei Dir die Beurteilung eines Menschen beim äußeren Erscheinungsbild? Gedanken wie:

- Mensch, ist der aber topmodisch und stilvoll angezogen!
- Was für eine graue Maus! Welcher religiösen Gruppe mag sie wohl angehören?
- Welch farbenfrohe Erscheinung, das paßt zu ihrer lebensfrohen Ausstrahlung!
- Ganz schön schlampig und nachlässig. Wie ungepflegt er wieder herumläuft!
- Die Dame dort ist zwar etwas altmodisch, dafür aber immerhin sehr elegant gekleidet.

Unsere Aufmachung kann prinzipiell kontaktfördernd oder kontakthinderlich wirken. Wer nichts aus seinem Äußeren macht, ist wie eine Suppe ohne Salz. Es liegt mir fern, irgendeinen Leser zum Opfer von wechselnden Modetrends zu machen, noch möchte ich jemandem eine kostenintensive Garderobe aufschwatzen, die ich selbst nicht einmal besitze. Ich halte hier auch kein Plädoyer für eine sexy Aufmachung. Mir geht es hierbei um ganz andere Gesichtspunkte. Wer sich körperlich ablehnt und unattraktiv findet, wird sich in der Regel auch entsprechend grau und farblos kleiden, denn unsere Aufmachung reflektiert unser Selbstbild. Wer nichts an sich schön findet, wird auch an seiner Körperlichkeit nichts unterstreichen oder hervorheben wollen. Auch Menschenfurcht und Angst vor Beachtung sind Gründe, warum sich viele Menschen unauffällig und farblos kleiden. Manche fürchten sogar, von ihren Mitmenschen als arrogant eingestuft zu werden, wenn sie Farbe auftragen und Exotik und Originalität mit ihrer Kleidung zum Ausdruck bringen.

Doch im angegrauten Packpapier einer verletzten Vergangenheit lassen sich Zukunft und Hoffnung nicht verkaufen. Das Ziel, auf seine Umwelt interessant und sympathisch zu wirken, erreicht man nicht, indem man sich weiterhin ablehnt und sich „graumausig" und unauffällig präsentiert. Wer sich selbst angenommen hat, kann sich leiden, wird sich attraktiv finden und wird auch sein *Outfit* in entsprechender Weise gestalten. Wir alle kennen Menschen, bei denen eine innere Wandlung schlagartig auch eine Veränderung im äußeren Erscheinungsbild zur Folge hatte. Sobald ein Mensch seine Originalität, die er von Gott empfangen hat, erkennt und unterstreicht, steigert er seine Anziehungskraft und kommt besser an. Wer also positiv über sich und seine Mitmenschen denkt, der weist in der Regel auch ein angenehmes Äußeres auf.

Natürlich machen Äußerlichkeiten noch keine Persönlichkeit aus, jedoch sollten sie Ausdruck eines gesundes Selbstbildes werden. Die Botschaft, die meine Kleidung, Frisur, Farbe und Duft meiner Umwelt vermitteln, soll lauten:

> *Gott liebt mich.*
> *Ich mag mich auch.*
> *Du wirst mich auch gut finden.*

Diese Gedankengänge sind die Messlatte, die wir in Sachen *Outfit* anlegen sollten. Sei davon überzeugt, daß Du mit Deinem Gesamterscheinungsbild anderen etwas geben kannst. Die Botschaft, die wir in dieser Form vermitteln, entfaltet durch ein positives, interessantes oder originelles Erscheinungsbild erst richtig ihre Wirkung.

Steigere Deine Kontaktfähigkeit

Der „Kontakt" kann der Startpunkt für viele gute Beziehungen und Freundschaften werden. Wenn wir ihn wahrnehmen, wird nicht nur unser Freundeskreis wachsen, sondern auch unser Selbstbewußtsein.

Ziel dieses Kapitels ist

- eine regelrechte „Enthemmung", die uns hilft, offen und frei auf „neue" Leute zugehen zu können,
- neue Beziehungsmöglichkeiten zu entdecken und zu nutzen,
- denjenigen zu helfen, die neue Freunde gewinnen möchten und
- evangelistisch effektiv zu werden.

Befassen wir uns aber zunächst mit den zu behebenden Hindernissen und Blockaden. Auf der ganzen Welt – insbesondere aber hierzulande – ist der Fernseher zunehmend zum Kommunikationsersatz geworden. Selbst die Kleinen hängen an der elektronischen Mutterbrust oder sie werden zu „Elektronik-Junkies" vor dem Computer. Videospiele und -filme halten sie noch zusätzlich für Stunden in Schach. Wenn man bedenkt, daß der durchschnittliche Fernsehkonsument im Jahr 3000 Stunden schläft, sich 2000 Stunden abrackert oder bei der Arbeit vergnügt, um schließlich 1000 Stunden vor der Glotze zu hängen, so sollte uns das zu denken geben. Die Mattscheibenerfahrung ist für viele zu einer Beziehungsalternative geworden, die dazu führt, daß ihre Kontaktfähigkeit degeneriert und sie unter Vereinsamung und Beziehungsarmut leiden.

Zu den Ausweichmanövern des Kontaktverhaltens gehören auch die sogenannten „Pseudofreunde“. Ich denke da an das seidenbandbeschleifte Schoßhündchen mit seinen wässerigen Kulleraugen, die gutgepflegten Zimmerpflanzen, die mit mehr liebevollen Worten bedacht werden als manches Kind, die Plüschtiersammlung im Schlafzimmer, die kalten Statussymbole aus Blech und Chrom und nicht zuletzt die Briefmarken- oder CD-Sammlung manch eines Zeitgenossen.

Während ich diese Zeilen in einer Taverne in Eilat (Israel) schreibe, fällt mein Blick gerade auf das Feuerzeug eines deutschen Touristen, der auch als Taucher angereist ist. Darauf steht: „Lieber ’ne heiße Adresse als ’ne kalte Wohnung.“

Weitere Beziehungsblocker sind:

- Menschenfurcht und Scheu;
- Mundgeruch und ein ungepflegtes Äußeres;
- die permanente Belehrung (von anderen);
- das abfällige Reden über andere Menschen;
- die fehlende Bereitschaft, richtig zuzuhören;
- ein griesgrämiger, verspannter Blick;
- das häufige Unterbrechen des Gesprächspartners, sowie das nicht Ausredenlassen;
- platte, schwarz-weiße Verallgemeinerungen wie z. B.: „Die Politiker sind alle …“ oder „Wer nicht heiraten will, ist nicht normal.“;
- während des Gesprächs mit dem Blick durch die Gegend schweifen.

Wann hast Du Dich zum letzten Mal mit einer völlig fremden, Dir unbekannten Person unterhalten? Wann einfach einen liebevollen Kontakt aufgenommen, indem Du z. B. nach Wechselgeld für ein Telefongespräch fragtest? Vielleicht melden sich jetzt bei dem einen oder anderen Leser einige Ängste. Die Begegnungsängste verlieren sich nicht durch das Lesen dieses Kapitels, sondern nur dadurch, daß wir sie angehen. Auch wenn Dein Puls sich beschleunigt, Dein Atem schneller wird, Deine Hände feucht werden und sich Schweißperlen auf Deiner Stirn bilden, empfehle ich Dir, auf andere Menschen zuzugehen. Dies ist der einzige Weg, wie wir die plagende Menschenfurcht überwinden können.

Wer diese Ängste nicht überwindet, wird weiterhin unter ihnen leiden und ein einsamer Mensch mit reduzierter Anziehungskraft bleiben. In einem Kalenderblättchen stand einmal folgender Satz, der mir den Sachverhalt gut zu treffen scheint: „Wo die Angst ist, geht's lang." Wer also Freunde gewinnen will, kommt nicht umhin, die Bereiche in seinem Leben anzugehen, die ihn bislang daran gehindert haben. Er muß seine Minderwertigkeitsgefühle und Einsamkeitsgedanken hinter sich lassen und offen und zuversichtlich auf andere zugehen.

Aus diesem Grund ist es m. E. wichtig, daß wir uns vier Lebensziele aneignen, sie uns genüßlich einverleiben, sie verstoffwechseln und in die Praxis umsetzen:

1. Triff die feste Entscheidung, ein beziehungsorientierter Mensch zu werden.
2. Sag Dir: Ich werde mich stetig darum bemühen, Beziehungsbewußtsein zu entwickeln.
3. Sei fest entschlossen, Deine Kontaktfähigkeit zu steigern, indem Du viele neue Menschen ansprichst.
4. Stell Dich gedanklich auf Deinen nächsten Erstkontakt ein, auch wenn Du nicht gerade in Hochstimmung bist. Sag Dir: Ich bin zwar nicht in einer Superverfassung, aber deshalb gehe ich jetzt erst recht auf andere zu. Ich werde einfach lächelnd loslegen. – Du wirst schon bald bemerken, wie diese Haltung beflügelt und Menschen gute Laune bei Dir auftanken kommen.

Werde ein beziehungsorientierter Mensch

Werde aktiv! Überleg Dir, welche Möglichkeiten es für Dich gibt, mit neuen Leuten ins Gespräch zu kommen und leg dann los! Täglich bieten sich uns immer neue Kontaktchancen, die es nur bewußt zu nutzen gilt. Noch einmal: Da es uns oftmals schwerfällt, offen auf Menschen zuzugehen, sollten wir uns noch einmal vergegenwärtigen, daß es genau das ist, was wir wollen – neue Kontakte knüpfen –, denn dadurch wächst unser Selbstbewußtsein, unsere Attraktivität sowie unser Freundeskreis.

Kontaktchancen im Alltag nutzen

1. Sprich Menschen in der *Fußgängerzone* an! Vorschlag:

- Frag sie nach der Uhrzeit.
- Laß Dir den Weg zu irgendeinem Geschäft beschreiben.
- „Können Sie mir ein gutes Restaurant empfehlen? Wo haben Sie gute Erfahrungen gemacht?"
- „Wären Sie so freundlich, mir beim Tragen dieser Pakete zu helfen?"

2. Nutze Deine Kontaktmöglichkeiten in *öffentlichen Verkehrsmitteln*. Vorschlag:

- Lächle jemanden freundlich an.
- „Das ist sehr nett von Ihnen, daß Sie mir Platz gemacht haben."
- „Fahren Sie auch in Richtung …?"
- „Kenne ich Sie nicht von …?"
- Mach ein Kompliment: „Sie haben aber ein süßes Kind. Wie alt ist es denn?"

3. *Jeder feierliche Anlaß* ist eine Chance, neue Gesichter kennenzulernen.

- Statt sich in Deiner Familienclique oder bei Deinen Bekannten aufzuhalten, versuch so viel Neukontakte wie nur möglich zu knüpfen.
- Besuche eine Vernissage mit dem Ziel, nicht eher zu gehen, bis Du wenigstens eine neue Person kennengelernt hast.
- Solltest Du einen Kurs an einer VHS oder irgendeiner anderen Bildungsstätte belegt haben, so beteilige Dich aktiv an den Gesprächen oder Diskussionen. Merke Dir die Namen von we-

nigstens einem anderen Teilnehmer, damit Du ihn bei der nächsten Gelegenheit mit Namen ansprechen kannst; wohl jeder freut sich, wenn er bei einer relativ unpersönlichen Veranstaltung plötzlich mit seinem Namen angesprochen wird.

Jeder Freund war zunächst einmal ein Fremder, der durch einen Kontakt auf uns aufmerksam wurde. Daß tiefes menschliches Vertrauen sich nicht in einigen Minuten durch einen ersten Kontakt aufbaut, ist uns allen bewußt. Deshalb braucht jeder Kontakt eine Aufbau- und Entwicklungszeit, um so zu einer freundschaftlichen Beziehung, vielleicht sogar zu einer tiefen Freundschaft heranzureifen. Je offener und intensiver wir uns hineininvestieren, umso mehr werden beide Partner durch die wachsende Beziehung beschenkt. Laß Dich bei Deinem Erstkontakt nicht von unterkühlten, scheinbar aalglatten Typen abschrecken, die in der Regel liebenswerte Menschen sind, aber gerade eine Coolness-Maske zum Selbstschutz tragen. Meistens brauchen solche Menschen einfach nur eine längere Anlauf- bzw. Auftauzeit.

Der Körperkontakt

Als meine jüngere Tochter noch klein war liebte sie es, wenn ich ihr vor dem Zubettgehen aus Kinderbüchern vorlas. Als ich sie auf Hörspielkassetten als Alternative hinwies antwortete sie: „Nein, lies mir lieber was vor, dann kann ich bei dir kuscheln.“ Nicht nur Kinder brauchen den liebevollen Körperkontakt, sondern auch die Erwachsenen. Reagieren wir nicht (fast) alle entspannter, nachdem uns jemand direkt und freundlich in die Augen gesehen, mit fester Stimme unseren Namen genannt und uns einmal kräftig gedrückt hat? Ein solcher Körperkontakt läßt uns innerlich dahinschmelzen und erfrischt und erleichtert ungemein den inneren Zugang zum Gegenüber. Selbst wenn man Bekannte und Freunde lange nicht gesehen hat, ist in kürzester Zeit das Vertrauen wieder aufgefrischt.

Es ist schade, daß gerade hierzulande der Körperkontakt verpönt zu sein scheint und bestenfalls in jugendlichen Cliquen praktiziert wird. Kein Mann wird Hand in Hand mit seinem Freund durch die Straßen schlendern, wie es in Ländern wie

Afrika und in bestimmten Gegenden Indiens üblich ist. Unsere gesellschaftlich anerzogenen Berührungsängste gestatten uns bestenfalls einen weichen, verklemmten Händedruck. Gerade als Männer haben wir im Gegensatz zu den Frauen größte Schwierigkeiten, unsere Herzensregungen auch körperlich auszudrücken. Für Jesus war das offensichtlich nie ein Problem. Beim Essen oder im entspannten Miteinander im Kreis seiner Jünger lag sein Lieblingsjünger Johannes an seiner Brust, ohne daß es ihm als Anflug homosexueller Anwandlung ausgelegt wurde. Jesus hatte viele Wege, auch körperlich auszudrücken, was er in seinem Herzen für jemanden empfand. Oft berührte er die Kranken und Niedergeschlagenen und herzte und drückte die kleinen Kinder. Umarmungen, Scherze und Balgereien gehörten ganz sicherlich ebenso zu den körperlichen Ausdrucksformen der Zuneigung im Kreise der Jünger. Auch wenn es uns schwerfällt, körperliche Ausdrucksformen der Liebe zu praktizieren, so sollten wir uns ein Beispiel an Jesus und seinen Jüngern nehmen. Jesus war ein völlig freier Mensch, frei von Berührungsängsten, frei von der Angst, als naiv und unreligiös zu gelten, wenn er seine Zuneigung in körperlicher Weise zum Ausdruck brachte.

In meinem Buch „In dir steckt mehr, als du denkst" berichtete ich von der heilenden und wohltuenden Kraft, die der liebevollen Umarmung innewohnt, die wir in unserer Gemeinde praktizieren. Ich möchte Dich ermutigen, gerade die einfachen Dinge wie ein freundschaftliches Schulterklopfen oder eine Umarmung oder einen festen Händedruck in Zukunft mehr und mehr zu praktizieren.

Der Blickkontakt

In vielen Fällen wirkt der Blickkontakt ähnlich wie die körperliche Berührung. Ohne Zweifel ist der Blickkontakt der wichtigste Anfangskontakt. Sollte es Dir schwerfallen, ihn zu praktizieren, so beginne zunächst damit, täglich mindestens drei Menschen in die Augen zu schauen. Um die Angstschwelle dabei noch etwas herunterzuschrauben, empfehle ich – in Anlehnung an den Rat einer Pychotherapeutin –, bei Kindern und älteren Menschen damit zu beginnen.

Die Angst vor Ablehnung überwinden

Die Einwände gegen die von mir propagierte Kontaktoffensive stehen für mich gerade jetzt, wo ich diese Zeilen niederschreibe, schon greifbar im Raum. Sie lauten wahrscheinlich:

„Aber ich habe doch Angst vor dem ersten Kontakt."
„Ich bin doch gar nicht gewöhnt, offen auf andere zuzugehen, geschweige denn, sie anzusprechen."
„Ich kann das einfach nicht."
„Ich kriege vielleicht einen Korb, man läßt mich bestimmt abblitzen."

Laß Dich ermutigen! Bevor Du selber die Initiative ergreifst und auf jemanden zugehst, ist es wichtig, allen Angstgefühlen „in den Hintern zu treten", und zwar „Tritt für Tritt" durch ein erneuertes Denken. Du willst lernen, so auf andere zu wirken, daß diese sich für Dich zu interessieren beginnen. Gut. Dann aber höre auch auf, ständig über deinen Ängsten zu brüten und Dich in Deine Unsicherheiten hineinzusteigern. Wenn Du in dieser gedanklichen Haltung verharrst, mußt Du tatsächlich darauf warten, daß Dich jemand anspricht. Dies kann bekanntlich Ewigkeiten dauern, und womöglich wirst Du dann noch von den Falschen angesprochen.

Die Ursachen dieser elementaren Ängste und inneren Einschüchterung liegen im Unmöglichkeitsdenken – einer destruktiven Form des negativen Denkens – begründet, die es nun abzulegen gilt. Wieso denken wir eigentlich, daß etwas Negatives geschieht, wenn wir kontaktfreudig auf andere zugehen? Sag Dir lieber:

- Ich bin es zwar noch nicht gewohnt, auf andere zuzugehen und ein Gespräch zu beginnen, aber ich will es lernen.
- Was kann mir eigentlich passieren? Ist mein Leben dadurch in irgendeiner Weise bedroht?
- Könnten mir nicht wichtige Chancen in meinen Leben auf diese Weise durch die Lappen gehen?

Treten wir der Angst vor Ablehnung noch kräftiger in den Hintern, indem wir zum Ausdruck bringen:

- Das Schlimmste, was mir passieren könnte, wäre festzustellen, daß mein Gegenüber kein Interesse an mir hat. Das ist eindeutig ein großes Pech für ihn/sie, denn ihm/ihr entgeht auf diese Weise meine Bekanntschaft und die Erkenntnis, welche Qualitäten und Möglichkeiten ich besitze.
- Woher will ich eigentlich wissen, daß man mich wirklich abblitzen läßt, wenn ich es unversucht lasse? Eigentlich werde ich es solange nicht wissen, bis ich diese Person anspreche.
- Sollte mein Gegenüber tatsächlich kein Interesse an mir haben – was wahrscheinlich in den seltensten Fällen vorkommen wird –, so ist er/sie doch nur einer von Zehntausenden, die ich noch kennenlernen kann. Schließlich ist es eine unumstößliche Tatsache, daß man nicht von allen Menschen spontan gemocht werden kann.
- Es wäre außerdem reichlich naiv, es jedem Menschen recht machen zu wollen.
- Da ich mir schon oft genug bewiesen habe, daß ich einsam sein kann, ist es an der Zeit, daß ich mir und anderen zeige, daß ich zu Beziehungen und Kontakten ebenso durchaus fähig bin.
- Gott wollte nie, daß der Mensch allein ist. Da Gott hinter meinem Vorhaben steht, habe ich eigentlich keinen Grund zum Zweifeln.

Aber was ist, wenn ich im Gespräch plötzlich unsicher und nervös werde? Da die meisten Menschen – selbst Versicherungsvertreter und Pastoren – in Sachen Erstkontakt etwas nervös und unsicher sind, ist es nicht ungewöhnlich, wenn auch ich es bin. Mein Gegenüber hat vielleicht die gleichen Schwierigkeiten.

Es ist aber längst noch nicht gesagt, daß ich tatsächlich unsicher oder nervös werde. Vielleicht trägt ja mein Gegenüber entscheidend zu unserem Gespräch und dem weiteren Beziehungsverlauf bei. Welche Person will ich nun ansprechen?

Was kannst Du tun?

- Beschließe, Deine Mitmenschen nicht mehr zu über- und Dich nicht mehr zu unterschätzen.
- Beobachte, wie „Selbstsichere“ sich im Umgang mit anderen verhalten und lerne von ihrem Auftreten.
- Leg Dir ein gewinnnendes Outfit zu.
- Denk daran: Der Blickkontakt ist der wichtigste Anfangskontakt.
- Geh aktiv auf andere zu, ohne zu erwarten, daß sie auf Dich zukommen.
- Lächele und zeige offenes Interesse.
- Erwidere das Interesse anderer.
- Gib nie auf! Bleib immer auf der Suche nach guten Freunden.
- Lobe und bestätige andere Menschen.
- Bring Dein Vertrauen und Deinen Glauben an sie zum Ausdruck.
- Praktiziere aktiven Körperkontakt, denn er arbeitet für Dich.

Es sollte für uns immer ein echter Anreiz und eine gute „Turnübung“ sein, soviel Spontankontakte wie nur möglich zu knüpfen, denn wer seine Kontaktfähigkeit entwickelt, erlebt, wie seine Attraktivität von Tag zu Tag zunimmt. Man wird Dir in zunehmendem Maß signalisieren, daß Du wichtig bist, denn ein kontaktfreudiger, offener und freundlicher Mensch erobert recht schnell die Herzen seiner Mitmenschen.

Wichtige Gedanken, die ich mir einprägen will:

1. ______________________________
2. ______________________________
3. ______________________________
4. ______________________________

Angestrebte Verhaltensänderungen im Umgang mit anderen:

1. ______________________________

2. ____

3. ____

4. ____

Meine persönliche Zielsetzung für praktische Veränderungen:

1. ____

2. ____

3. ____

4. ____

Evangelistische Kontaktpunkte nutzen

Eine falsche Annahme wird nicht richtiger, nur weil viele von ihr ausgehen. Die meisten Christen hierzulande vermuten aus irgendwelchen Gründen, daß sich die große Masse der Menschen weder für Religion noch für Gott interessiert. Doch damit unterschätzen sie ihre Mitmenschen aufs Gründlichste. Der Hunger nach echter religiöser Erfahrung (nicht nach verknöcherten Institutionen mit extrem verdünntem Evangelium ohne Überzeugungskraft) ist in den letzten Jahren in unserer Gesellschaft enorm gewachsen, was wir unschwer am Esoterikboom und den „spirituellen Supermärkten" erkennen können, von denen die Geistheiler und Schamanen wie die Apfelsinen eingeflogen werden.

Statt über diese Entwicklung zu stöhnen und Mauern zu bauen, wäre es viel hilfreicher zu erkennen, daß die Personen, die von diesem Trend erfaßt sind, potentielle Christen sind. Sie haben einen Hunger nach echter religiöser Gotteserfahrung, dem die meisten meiner Leser begegnen könnten. Wenn Christen ihr unmissionarisches Ghetto nicht verlassen und nicht damit beginnen, kontaktfreudig zu werden, so ergeben sich für mich drei Fragen:

Wer gibt den Suchenden Antwort auf ihre Fragen nach dem Sinn des Lebens?

Wenn nicht wir, wer dann? Wenn nicht jetzt, wann sonst?

Die Kontakte nutzen

Wir alle haben wahrscheinlich schon erlebt, daß sich Menschen mitten in einem Gespräch plötzlich erheben und vorgeben, gehen zu müssen (so als ob ihnen zehn Verabredungen auf einmal eingefallen sind), weil sich das Gespräch zu lange an der Oberfläche bewegt hat. Hier haben wir es sicher mit einem ganz normalen Vorgang im Leben zu tun, der immer mal wieder vorkommt. Auf der anderen Seite gibt es Möglichkeiten, in kürzester Zeit mit etwas Phantasie Interesse und Aufmerksamkeit für das wichtigste aller Themen zu wecken – nämlich für Gott.

Das Leben bietet uns eine Fülle von Anknüpfungspunkten für das evangelistische Gespräch. Mit ein bißchen Phantasie und Gebet ist es möglich, Gespräche über den Garten, das Wetter, über Sternzeichen, Prominente, Musik, Politik und Beruf auf Gott zu lenken. Ich selbst erlebe es öfters, daß Menschen mich nach meinem Sternzeichen fragen. Meine Antwort lautet stets: „Mein Sternzeichen ist das Lamm." „Wie bitte?" fragt dann in der Regel mein Gegenüber. „Lamm, das kenne ich nicht." Und schon bin ich mitten in einem evangelistischen Gespräch über das Lamm Gottes.

Bill Hybels, ein Pastor in den USA, wies darauf hin, daß Geschäftsleute oftmals von Kollegen gefragt werden: „Na, wie läuft denn das Jahr soweit für Sie?" Statt einer platten Standardantwort empfiehlt Hybels folgende Antwort: „Finanziell ganz gut, familienmäßig können wir nicht klagen, und geistlich läuft es prima. Über welches von den dreien möchten Sie gern mehr wissen?"[1]

Vielleicht ist aber auch jemand in Deinem unmittelbaren Umfeld erkrankt und hat Schmerzen. Auch das kann eine gute Gelegenheit für ein Gespräch über den Glauben sein. Vor einem Jahr mußte ich im Urlaub zu guter Letzt mit meiner kranken Tochter,

---

[1] aus: Bill Hybels, „Bekehre nicht – lebe!", Projektion J Verlag, Wiesbaden 1995, S. 162.

nachdem alle Gebete nicht zu helfen schienen, einen ägyptischen Arzt aufsuchen. Während er meine Tochter untersuchte, erzählte mir der Arzt, daß er seit Jahren unter starken Rückenschmerzen leide. Ich ließ mir von ihm erklären, wo die schmerzende Stelle sei und fragte ihn, ob ich für ihn beten dürfe. Ich erzählte ihm auch, daß ich das schon öfters getan und Gottes Eingreifen schon oft erlebt hatte. Ich könne ihm jedoch keine Garantie dafür geben, daß er anschließend geheilt wäre, da das Gottes Sache sei. Als er einwilligte, geschah das Wunder. Der Schmerz verschwand sofort, als ich den Heiligen Geist bat, auf ihn herabzukommen. „Wer ist denn der Heilige Geist?“ wollte der Arzt wissen. Später traf ich mich noch einmal mit ihm und wir sprachen stundenlang über den Heiligen Geist, über Jesus und den himmlischen Vater. Heute – nach einem Jahr – ist sein Rücken noch immer schmerzfrei, und der Arzt, der inzwischen mein Freund geworden ist, liest jetzt regelmäßig in der Bibel. Sagte Jesus nicht zum Thema Evangelisation: „Wer sich vor den Menschen zu mir bekennt, zu dem werde auch ich mich … bekennen vor meinem Vater im Himmel“?

Wie man bei der Weitergabe des Glaubens an Überzeugungskraft gewinnt

Hast Du auch Angst vor Straßeneinsätzen und einem öffentlichen Bekenntnis zu Jesus? Wenn ja, dann stehst Du mit so ziemlich allen erfolgreichen Evangelisten am gleichen Ausgangspunkt. Schüchternheit und Angst sind etwas ganz Natürliches, doch unendlich viele Menschen haben ihre Angst vor der Evangelisation im Laufe der Zeit verloren. Die Frage ist nur, was man aus dem bisher Gelesenen (speziell dem Kapitel zur Angstüberwindung) macht. Wenn wir uns für die echte Nächstenliebe entschieden haben, so sollten wir uns auch dafür entscheiden, den evangelistischen Teil zu praktizieren. Ein Versicherungsverkäufer, der Angst vor Ablehnung durch eventuelle Kunden hat, wird schon vor der Türschwelle einen potentiellen Kunden durch seine fehlende Überzeugungskraft verlieren.

Trotz seines relativ hohen Alters verkauft ein mir bekannter Herr immer noch Versicherungen. Da er an seine Versicherung und deren Vorzüge, Qualitäten und Leistungen „glaubt“, ist er ein erfolgreicher Versicherungsvertreter. Was wir hiervon ableiten können ist die Tatsache, daß wir, sobald wir an eine Sache glauben und von ihr überzeugt sind, tatsächlich Überzeugungskraft besitzen. Wir müssen von unserem Glauben – der weit wichtiger als eine Versicherung ist – überzeugt sein. Wir müssen ebenso der Überzeugung sein, daß das, was für uns gut ist, ebenso für andere gut und wichtig ist. Ist unser Glaube echt, dann gibt es genug Gründe, wirklich begeistert zu sein, und echte Begeisterung wirkt immer überzeugend und ansteckend. Sobald Du Deinen ganzen Enthusiasmus sowie Deine Überzeugungskraft für Jesus zum Ausdruck bringst, wird man Dir glauben, denn echten Glauben kann man ebensowenig wie die Liebe übersehen oder überhören. Wenn wir jedoch unsicher werden oder eine unklare Beziehung zu Gott haben, ist jeder evangelistische Versuch schon von vornherein zum Scheitern verurteilt.

Neun Punkte, wie man den Wunsch zu evangelisieren, mit der Realität verbinden kann:

1. *Gott selbst steht hinter Dir,* wenn Du seinen Missionsbefehl mit Deinen Chancen und Fähigkeiten verbindest. „Wer sich vor den Menschen zu mir bekennt, zu dem werde auch ich mich ... bekennen vor meinem Vater im Himmel“ (Mt 10,32).
2. *Begeisterung ist wichtig.* Um zu überzeugen, mußt Du von Deinem Auftrag begeistert sein und wissen, daß jeder Mensch ein religiöses Bedürfnis in sich trägt, für das Du eine Antwort hast.
3. *Sei überzeugt,* daß Dein Gegenüber den Glauben, den Du ihm anbietest, wirklich braucht. Du verlierst nichts – er verliert alles, wenn er nicht irgendwann in seinem Leben zu Gott findet.
4. *Zeig echtes Interesse am Nächsten* und seinen Bedürfnissen. Wo ist eine praktische Hilfestellung oder eine Antwort auf echte Fragen möglich? Bedenke: Die Not eines Menschen ist immer der Ansatzpunkt Gottes. Da jeder Mensch Nöte hat, gibt es auch mehrere Ansatzpunkte.

5. *Zeig vollen Einsatz,* denn engagierte Menschen kommen immer besser an (hierbei meine ich nicht ein manipulatives Vollquatschen, was egoistisch wäre).
6. *Laß Menschen spüren, daß Dein Glaube echt ist,* denn Menschen haben ein feines Gespür für Echtheit und Heuchelei. Aus diesem Grund vermehrt sich nur echter Glaube.
7. *Liebe macht begeistert.* Sind nicht gerade die Verliebten die begeistertsten Menschen, die oft zu großen Leistungen fähig sind? Es ist die Liebe von und zu Gott und den Menschen, die unserer Begeisterung Flügel verleiht.
8. *Hab ein klares Ziel vor Augen,* das Dich gedanklich und emotional packt. Ziele setzen Begeisterung und Energie frei, Begeisterung setzt wiederum Adrenalin frei und Adrenalin bringt uns ans Ziel. Gehe mit Deinem Glauben aufs Ganze und gib, was Du geben kannst.
9. *Setz Dich voll und ganz ein.* Spitzenleistungen im Sport werden nur durch volle Hingabe erzielt. Auch in geistlicher Hinsicht stellt volle Hingabe die Erfolgsgrundlage für effektive Evangelisation dar.

Ich erinnere mich noch gut an ein Vorbereitungstreffen für den „Marsch für Jesus" im Jahr 1992, das im Missionswerk CfaN in Frankfurt stattfand. Reinhard Bonnke hieß uns willkommen, und obwohl es nicht zu überhören und übersehen war, daß er heiser, geschlaucht und von vielen Einsätzen abgekämpft war, schonte er sich nicht, in uns das Feuer der Begeisterung für Evangelisation zu schüren. Vor uns stand ein Energiebündel, das mit leuchtenden Augen leidenschaftlich von einem gewaltigen Auftrag sprach, der uns alle betraf. Alle Zuhörer im Saal waren in diesen Momenten von diesem Mann fasziniert. Was ihn jedoch so faszinierend und anziehend machte und uns gleichzeitig gewaltig unter die Haut ging und anspornte, war das Feuer seiner Hingabe und die Leidenschaft für Gott und seinen Auftrag. Die großen evangelistischen Durchbrüche seines Dienstes in Afrika basieren auf Liebe, Leidenschaft, Begeisterung, dem Willen zu überzeugen, auf schonungsloser Hingabe, Zielorientiertheit und nicht zuletzt auf Glauben und dem festen Willen, große Ziele zu erreichen.

Mit großer Wahrscheinlichkeit werden weder Du noch ich einen ähnlichen Dienst wie Reinhard Bonnke haben, aber Du kannst Deinen eigenen missionarischen Dienst der Nächstenliebe auf den gleichen Prinzipien aufbauen. Sporne Dich selbst an, indem Du Dir sagst: Ja, ich werde ein Zeuge Jesu sein. Ich werde die gute Botschaft auf meine Weise mitteilen und trotzdem von anderen lernen, wie sie es machen. Bevor Du etwas von Dir selbst erzählst oder zu einem Gottesdienst, einem Hauskreis oder sonstigen Veranstaltungen einlädst, mach Dir deutlich: Gott selber steht hinter Dir, deshalb wirst Du kühn sein.

Was kann eigentlich schiefgehen? Du selber verlierst nichts, aber für Dein Gegenüber steht die Ewigkeit auf dem Spiel. Je selbstsicherer Du Deine Botschaft an den Mann bzw. die Frau bringst, umso mehr nimmt man sie Dir ab. Weil Christus begeisternd ist, wirst auch Du begeistert reden und handeln. Da jeder Mensch ein religiöses Bedürfnis und irgendeine Not hat, so liegt hier Dein und Gottes Ansatzpunkt.

Herr, gib mir Freimütigkeit, dein Wort zu verkünden
und leite mich durch deinen Heiligen Geist. Amen.

Prinzip 9: Richtiger Umgang mit den Macken unserer Mitmenschen

Zeitbombe Kritik

Besserwisser, Moralisten und Dauerkritiker machen sich auf lange Sicht immer unbeliebt. I-Pünktchen-Reiter, die in jeder Suppe nach Haaren suchen, haben keine wahren Freunde, denn wer einen Freund ohne Fehler haben will, wird nie einen Freund finden. Selbst wenn sie sich Freunde wünschen, haben sie es schwer, einen zu gewinnen, denn ihre Annäherung bewirkt genau dasselbe wie eine Stecknadel bei einem Luftballon.

Herr A. war seit fünf Jahren mit einer Frau verheiratet, deren beginnende Kritik sich zu einem zunehmend schrillen Dauerton entwickelte, und zwar ganz wie bei ihrer Mutter. Zu Hause lief A. im Minenfeld weiblicher Kritik nur noch wie auf rohen Eiern umher, im Geist hatte er jedoch schon einhundertmal die Koffer gepackt, um sie zu verlassen. Ununterbrochen tickte die Bombe chronischer Kritik in ihrer Wohnung weiter. Sprengköpfe der Kritik erreichen irgendwann den Zustand der „kritischen Masse" und explodieren einfach. In Herrn A.s Fall trieb ihn die Kritik geradewegs in die Arme einer attraktiven, jungen Frau. Frau A. dagegen lebte von nun an allein.

Chronische Kritik entwickelt sich immer zu einer zerstörerischen Zeitbombe, es sei denn, wir entschärfen sie noch rechtzeitig.

Vor Jahren hatte ich einen Freund, der immer kritischer wurde, weil er sich in zunehmendem Maße dem Pessimismus hingab. Schließlich wurde auch ich immer häufiger Opfer seiner Kritik, mit der er nicht einmal vor Gott selbst haltmachte. Die Folge dieses Prozesses war, daß ich schließlich auf Distanz ging und unsere Freundschaft starb. Jemand, der seine Kinder, Kollegen und Freunde ständig kritisiert, ist mit einem verrückten Gärtner zu vergleichen, der im Frühjahr die Bäume zu Tode stutzt.

Splitter im Auge oder Balken in der Pupille

Hast Du nicht auch schon einmal die Feststellung machen müssen, daß sich die negativen Dinge, die Du im anderen gesehen hast, auch bei Dir fanden? Sind wir nicht als Kinder einer gefallenen Schöpfung ständig dabei, unsere Unvollkommenheiten, Vorurteile und Mängel auf die Menschen unseres Umfeldes zu projizieren? Die eigenen Fehler übersehen wir, verkleinern sie geschickt, wohingegen wir bei unserem Partner alle Mängel in gestochener Schärfe übergroß sehen.

Ist es nicht auch so, daß wir das, was wir über andere denken, auch insgeheim über uns selbst denken, und nur, weil wir damit nicht umgehen können, es auf andere projizieren? Durch Kritik, Verurteilung und Ironie versucht man sich eine vorübergehende Ich-Stabilität im Selbstwertgefühl zu schaffen. Die meisten Menschen werden in dem Irrglauben groß und schließlich auch grau, daß immer die anderen schuld sind.

- Man wünscht sich solide, fleißige Kinder, die erfolgreich ihren Mann und ihre Frau in der Welt stehen, aber die bösen Umwelteinflüsse und schlechten Freunde sind schuld, wenn die Tochter oder der Sohn nicht tut, was wir uns wünschen.
- Man möchte eine gute Ehe führen, aber leider ist der Partner schuld daran, daß es nicht klappt.
- Ich würde viel mehr leisten, wenn man mich auf den Posten befördert hätte, an den ich immer schon gedacht habe.

Solche Behauptungen sind dümmliche, nebulöse Leerformeln, die die eigenen Schwächen und Lügen kaschieren sollen. Wir verabscheuen empört laut formulierten Ausländerhaß, müssen jedoch feststellen, daß wir selbst nicht einmal genug Liebe für unser eigenes Volk besitzen, weil wir ein tiefsitzendes – sicherlich geschichtlich bedingtes –, gebrochenes Verhältnis zu unserem Volk und Vaterland haben.

Neulich fiel mein Blick auf die Plakate einer frommen Partei und ich stellte dabei fest, daß sie einfach nur „gegen" etwas waren – gegen Ehebruch, gegen Abtreibung, gegen Okkultismus, gegen Drogen, usw. Sicher, alles berechtigte Anliegen, doch die unterschwellige Botschaft auf den Plakaten lautete: „Wir, die Religiösen, sind die Guten, und ihr da drüben seid die Bösen." Eine Partei, die nur ihren moralinsauren Finger erhebt und keine Brücken baut, schießt an dem, was diese Gesellschaft braucht, einfach vorbei. Mit weltfremden Sprüchen von Moralpredigern wird die Welt nicht besser und der Mensch nicht verändert. Das geschieht nur dadurch, daß wir Brücken der Liebe bauen. Unsere Liebe für eine verlorene Welt wird nur ungeheuchelt sein, wenn wir uns im anderen selbst sehen. In der Frau, die abtreibt, im Ehebrecher, Mörder oder Selbstmörder. Hat nicht schon jeder von uns unreine Gedanken oder eine geballte Ladung Wut im Bauch gehabt? Können uns da der Mörder, der Ehebrecher, Selbstmörder oder der Rassist noch fremd sein? Jesus sagt es unmißverständlich (Mt 7,1f): „Verurteilt nicht andere, damit Gott nicht euch verurteilt. Denn euer Urteil wird auf euch zurückfallen, und ihr werdet mit demselben Maß gemessen werden, das ihr bei anderen anlegt."

Wie kann man Wiesbaden zur saubersten Stadt der Welt machen? Indem jeder vor seiner eigenen Tür kehrt. Nur wer sein Leben selbst sauber ausleuchtet, darf andere in Liebe zu korrigieren versuchen.

„Es ist alles deine Schuld." In diesem Satz, der leicht zu einer Todeserklärung wird, ist die Methode dessen zusammengefaßt, was früher oder später Freundschaft, Partnerschaft und Nächstenliebe aufs Gründlichste abtötet. Es ist sogar unwichtig, ob unsere aus dem Kritikgeist heraus formulierten Vorwürfe berechtigt sind oder nicht. In jedem Fall kehren sie zurück wie ein Bumerang. Jemand sagte einmal, daß Gott selbst mit seinem Urteil bis zum Jüngsten Tag wartet. Warum sollen wir es eigentlich anders machen?

Die meisten Menschen unterliegen in ihrem Denken noch einem fatalen Fehler. Sie meinen, daß ihre negativen Emotionen und Verstimmungen durch andere Personen und Umstände verursacht werden. Sie übersehen, daß sie die Opfer ihrer negativen Denkgewohnheiten und ihrer eigenen festgefahrenen Lebensinterpretationen geworden sind. Sie selbst sind für ihre negativen Gefühle voll verantwortlich.

Wenn wir aufhören, den Splitter im Auge des Nächsten zu inspizieren und vielmehr unseren eigenen Balken sehen, werden wir langsam frei für die Nächstenliebe. Statt zu sagen: „Du bringst mich auf die Palme", sollten wir sagen: „Ich bringe mich mal wieder selbst auf die Palme." Statt zu sagen: „Du machst mich krank" sollten wir sagen: „Mensch, ich bin mal wieder dabei, mich selbst ganz krank zu machen." Natürlich wirst Du genauso wie ich von Mitmenschen immer wieder enttäuscht. Aus diesem Grund sollten wir sie dennoch in Liebe so annehmen, wie sie nun einmal sind, denn wir haben keine anderen Mitmenschen.

- Da niemand von uns Opfer von Projektion werden möchte, gilt auch hier für uns die goldene Regel Jesu: Behandelt die Menschen so, wie ihr selbst von ihnen behandelt werden wollt.
- Statt empfindlich wie ein Seismograph auf die Schwächen anderer zu reagieren, sollten wir zunächst auf Schuldzuweisung verzichten und den „Splitter-Balken"-Test Jesu bei uns selbst durchführen.
- Krankhafte Kritiksucht wird am besten dadurch therapiert, indem wir das Gute im Mitmenschen suchen, finden und es dann hervorheben.

Der gleiche Therapieansatz wirkt auch auf zwanghaften Perfektionismus, der Wertmaßstäbe der Vollkommenheit in die Welt pflanzt. Wenn wir ehrlich sind, so müssen wir zugeben, daß es kaum vollkommene Menschen gibt. Wenn es welche gäbe, bin ich nicht sicher, ob ich sie kennenlernen möchte, denn zu meinen Schwächen gehören z. B. ein Mangel an Ordnungssinn und eine „felerhafte Rechtschraibung".

Gnade gewähren

Man hatte eine Frau auf frischer Tat beim Ehebruch ertappt und übereifrige Schriftgelehrte schleppten sie schon am frühen Morgen zu Jesus. „Rabbi, was soll mit dieser Frau geschehen?" Hätte Jesus gesagt: „Leute, seht das doch nicht so eng", so hätte er das mosaische Gesetz gebrochen und wäre geradewegs ins größte Fettnäpfchen getreten, das ihm die Gesetzeslehrer hinstellen konnten. Hätte er jedoch mit den Worten des Gesetzes geantwortet und gesagt: „Steinigt sie und den Mann gleich dazu“, dann wäre das Volk von ihm nicht nur bitter enttäuscht gewesen, sondern sie hätten ihn gleich den unbarmherzigen Pharisäern zugeordnet.

Aber scheinbar unbeteiligt und gar nicht auf die bohrenden Fragen der Pharisäer eingehend, schrieb Jesus mit seinem Finger etwas in den Sand. Obwohl die Spannung dadurch sicherlich noch stieg, behielt Jesus die Ruhe, bis er sich schließlich erhob und sagte: „Wer von euch noch nie gesündigt hat, der soll den ersten Stein auf sie werfen“ (Joh 8,7). Ich stelle mir vor, wie in diesen spannungsgeladenen Momenten Menschen plötzlich ihren inneren Balken spürten. Einige atmeten vielleicht schwer durch, bekamen feuchte Hände und dachten: „Ich kann doch jetzt keinen Stein auf die hübsche Frau werfen, wo ich doch selbst damals ...“ Und so verließ einer nach dem anderen den Platz, allen voran die religiösen Pharisäer ... Zurück blieb nur noch ihr religiöser Seifenblasenglanz. Jesus wandte sich der Frau zu und stellte ihr zwei Fragen: „Wo sind sie geblieben? Ist keiner mehr da, um dich zu verurteilen?“ „Keiner, Herr“, antwortete sie tief bewegt. Dann sah Jesus sie fest an und sagte: „Gut ... ich will dich auch nicht verurteilen. Du kannst gehen; aber tu es nicht wieder!“ Die Scham- und Schuldgefühle der Frau müssen durch die unangenehme und peinliche, öffentliche Situation nahezu unerträglich gewesen sein. Doch durch die grenzenlose Annahme, Liebe und Vergebung trat nicht nur ein Leuchten in ihre Augen, sondern sie vollzog auch eine innere Wende.

Nur selten ändert sich ein Mensch durch Härte, Strenge und anklagenden Zeigefinger zum Guten hin. All das steigert nur noch unsere Schuldgefühle und führt so zu einer inneren Verhärtung. Aus diesem Grund gehört der Aktenordner voll Kritik und Vorwürfe in den Papierkorb. Benjamin Franklin hatte ja bekanntlich großen Erfolg im Umgang mit Menschen. Von ihm stammt folgende Formel, die jeden Kritiksprengstoff entschärft:

„Ich sage über niemanden etwas Schlechtes und über jeden alles Gute, das ich über ihn weiß“[1]

Wir bestimmen in entscheidender Weise die soziale Atmosphäre um uns herum, und zwar durch das, was wir sagen und vor allem, wie wir es sagen. Ein bekannter Dirigent sagte einmal: „Orchester haben keinen eigenen Klang, den macht der Dirigent.“ In gleicher Weise sind Du und ich – wie ein Dirigent – für den positiven Klang in Familie, am Arbeitsplatz und im Freundeskreis verantwortlich. Die einzigen wirklich innerlich verändernden Kräfte sind Liebe und Gnade.

Bringen wir es auf den Punkt: Wer Freunde gewinnen will, braucht nicht nur Gnade und Barmherzigkeit im Umgang mit anderen, sondern am allermeisten im Umgang mit sich selbst.

Zusammenfassung

Zwei irrige Vorstellungen, die wir ablegen sollten:

1. Die meisten Menschen werden in dem Irrglauben groß und schließlich auch grau, daß immer die anderen schuld sind.
2. Ein anderer Irrglaube ist die Überzeugung, daß sich der Mensch durch Anklage, Härte und Strenge positiv verändert. Doch das Gegenteil geschieht: Er verhärtet innerlich.

Die Lösung

- Krankhafte Kritikallüren sowie Perfektionismus werden therapiert, indem wir das Gute im Mitmenschen suchen, finden und es dann hervorheben.
- Die einzigen wirklich positiv charakterverändernden Kräfte sind Liebe und Gnade.
- Da wir ungern die Opfer von Projektionen anderer werden wollen, sollten wir andere auch nicht zu Opfern unserer Projektionen machen.

---

[1] aus: Dale Carnegie „Wie man Freunde gewinnt“, Scherz-Verlag, Auflage 1994, S. 40.

- Unsere Devise sollte lauten: statt Schuldzuweisung den „Splitter-Balken“-Test durchführen.
- Wer Freunde gewinnen will, braucht nicht nur Gnade und Barmherzigkeit im Umgang mit anderen, sondern vor allem auch im Umgang mit sich selbst.

Wichtige Gedanken, die ich mir einprägen will:

1. ______________________________
2. ______________________________
3. ______________________________
4. ______________________________

Prinzip 10: Die Macht der Liebe einsetzen

Das Thema der ewigen Liebe zieht schon seit Jahrhunderten die Menschheit in ihren Bann. Allein das Wort „Liebe“ ist wie ein glatter Aal, der sich durch alle Philosophien dieser Welt hindurchschlängelt. Es gibt keinen Hit, kaum einen Film, kaum einen Roman, in dem die Liebe nicht besungen, verfilmt oder beschrieben wird. Dieses wohl gewaltigste Thema inspirierte zu allen Zeiten Philosophen, Künstler und Romantiker. Man baute der Liebe literarische Denkmäler, meißelte sie in Stein, gab ihr Gestalt auf der Leinwand und baute ihr Häuser und Schlösser.

Erich Fromm bezeichnete schon 1956 in seinem Standardwerk „Die Kunst des Liebens“ das, was wir als erotische Liebe bezeichnen, als „trügerischste Form der Liebe“. Die vollkommene Vereinigung als veridealisiertes Beziehungsfundament allein trägt noch lange nicht. Sex allein kann niemals das Fundament für eine „Wolkenkratzer“-Beziehung sein. In jüngster Zeit meinten Wissenschaftler, die Liebe auf eine chemische Formel bringen zu können: *Phenyläthylamin.* Dieser Stoff ist eine im Hypothalamus gebildete Psycho- und „Anturn-Droge“, die freigesetzt wird, wenn Mann und Frau sich näherkommen und sich verlieben. Echte Liebe jedoch ist mehr als Sex, Hormondoping und Verliebtsein. Sobald Gefühle erkalten und die Romantik verflogen ist, scheint oftmals die Basis der Beziehung gewichen zu sein. Hormone mögen ins Schwanken geraten, die Liebe dagegen stabilisiert sich und wächst weit über das Laufgitter des Verliebtseins hinaus. Verliebtheitsgefühle mögen wie Ebbe und Flut kommen und gehen, die Liebe dagegen kommt und bleibt.

Liebe ist eine Entscheidung

Nach einem Gottesdienst sprach mich ein Mann an: „Andreas, du hast heute über Liebe gepredigt und bei mir ein tiefsitzendes Problem angesprochen. Meine Ehe ist ein Problem, denn meine Frau und ich haben nicht mehr die Gefühle füreinander, die wir einmal hatten. Ich glaube, ich liebe sie nicht mehr – und das scheint auch bei ihr der Fall zu sein. Zu allem Unglück haben wir noch zwei Söhne, die zunehmend unter diesen Umständen leiden.“ Ich fragte zurück: „Du empfindest wirklich nichts mehr für deine Frau?“ „Nein“, sagte er, „ich empfinde nichts mehr, was soll ich denn jetzt tun?“ Ich antwortete: „Liebe sie, indem du sie beachtest, aufwertest und indem du ihr vergibst.“ „Aber, ich habe doch überhaupt keine Gefühle mehr für sie, wie soll ich sie denn dann lieben können?“ „Liebe sie trotzdem“, erwiderte ich entschlossen. „Aber wie soll das denn ohne jedes liebende Gefühl funktionieren?“ fragte er erneut. Ich erklärte ihm, daß gerade die fehlenden Gefühle ein Grund mehr dafür seien, seine Frau zu lieben. „Liebe ist eine aktive Tätigkeit, bei der erneut entstehende Liebesgefühle eine positive Begleiterscheinung sein können. Wenn du deine Frau liebst, sie achtest, sie anerkennst und aufwertest, ihr zuhörst und beständig das Gute an ihr suchst und hervorhebst, werden deine Gefühle für sie zurückkehren.“

Ein Problem unserer Zeit ist die Tatsache, daß man Liebe auf Gefühle beschränkt und sie damit degradiert. Wer Liebe auf schöne Gefühle reduziert, weicht letztlich der Verantwortung für eine Beziehung aus und destabilisiert sie dadurch. Liebe ist eine produktive, aktive Tätigkeit, die nicht auf Gefühlen, sondern auf einer Entscheidung basiert. Wer liebt, übernimmt Verantwortung und trifft die Entscheidung, ein guter Partner zu sein. Ein solcher Mensch handelt unterstützend und aufbauend.

Liebe ist nicht passives Empfangen, sondern bedeutet, in aktiver Weise etwas zu geben und eine Entscheidung zu treffen. Schon deshalb kann das Verliebtsein keine wirkliche Liebe sein, weil es wesentlich instabiler und voller Illusionen ist.

> *„Wäre die Liebe nur ein Gefühl, so könnte sie nicht die Grundlage für das Versprechen sein, sich für immer zu lieben. Wie kann ich behaupten, die Liebe würde ewig dauern, wenn nicht mein Urteilsvermögen und Entschlußkraft beteiligt sind?“*

Soweit Erich Fromm in seinem obengenannten Buch.

Halten wir fest: Liebe ist kein unkontrollierbares Gefühl, sondern auch ein aktiver Akt des Wollens, eine Entscheidung und Festlegung. Trotzdem ist sie in ihrer Dynamik eine Kunst, die, wie jede andere Kunst auch (z. B. die Malerei) von der Pike auf erlernt sein will. Diese Kunst muß nicht nur für die Ehe erlernt werden, sondern auch für jede andere Art von Freundschaft. Alles beginnt jedoch mit einer Entscheidung, einen oder mehrere Menschen lieben zu wollen.

Die Kunst zu lieben

Ein alter Farmer, der in Texas lebte, hatte sein Leben lang auf einer kleinen Farm, die nicht viel zum Leben abwarf, hart gearbeitet. Eines Tages starb er und sein Grundstück wurde verkauft. Der neue Besitzer installierte Bohrinstrumente und stieß schon nach kurzer Zeit auf ein gewaltiges Ölvorkommen. Natürlich war das Öl die ganze Zeit über vorhanden gewesen, es hatte nur auf seine Entdeckung gewartet. Auch viele von uns sitzen auf einer reichen „Liebesquelle", sind – ohne es zu wissen – unglaublich reich und könnten Hunderte von Freunden haben. Welche Welten und Möglichkeiten würden sich ihnen auftun, wenn sie es nur wüßten. Statt ihre Quelle zu nutzen, plagen sie sich wie der alte Farmer lieber selbst ab und versuchen, ihren Nächsten aus eigener Kraft zu lieben.

Ich kann D. L. Moody nur zustimmen, der einmal gesagt hat: „Ich nahm dieses Wort ‚Liebe', und ich weiß nicht mehr, wieviel Wochen ich damit verbrachte, alle Stellen zu studieren, in denen es vorkommt, bis ich zuletzt nicht mehr anders konnte, als die Menschen zu lieben. Ich hatte mich solange von Liebe ernährt, daß es mich drängte, jedem, dem ich begegnete, Gutes zu erweisen. Ich war davon erfüllt, es floß aus meinen Händen."[1]

Wie ich selbst diese „Quelle" entdeckte

Vor Jahren lag ich schwer krank im Bett und dachte, ich würde in absehbarer Zeit mein Leben aushauchen und das Zeitliche segnen. Da ich mich innerlich schon mit meinem Ende befaßte, stellte ich mir die Frage: Andreas, von wem möchtest du dich verabschieden und ihm oder ihr noch sagen, daß du ihn/sie liebst?

---

[1] aus der Einleit. zu Henry Drummond: „The Greatest Thing in the World" [Old Tappan, N. J.: Revell, o. J.] S. VIII.

In den nächsten Stunden stellte ich erstaunt fest, wieviel Liebe und Gefühl für meine Mitmenschen wirklich in mir war. Ich machte die Entdeckung einer inneren Quelle und Liebeskapazität, der ich mir bis dahin nicht bewußt gewesen war. Das überwältigte mich regelrecht und mir kamen die Tränen.

Hier stellt sich uns jedoch die Frage, wie wir diese wunderbare Quelle im Alltag zum Fließen bringen können, ob es nun um einen festen Partner oder um freundschaftliche Beziehungen zu mehreren Menschen geht. Vor einiger Zeit hatte ich einen Freund zum Essen in ein Restaurant eingeladen. Als ich schließlich zahlen wollte und zu meinem Portemonnaie griff, stellte ich erschrocken fest, daß kein Geld drin war. Auf meinem Konto hätte ich genug Geld gehabt, um zehn Freunde durchzufüttern, doch in meinem Geldbeutel herrschte gähnende Leere. Dieser Sachverhalt brachte mich auf einen weiteren Gedanken. Nur das, worüber wir im Hier und Jetzt aktuell verfügen, können wir verschenken. Dies gilt in besonderer Weise für die Liebe. Aus diesem Grund ist es wichtig, daß wir täglich randvoll mit der Liebe Gottes „angefüllt“ sind. Diese Liebe müssen wir nicht produzieren, denn sie ist bereits ausgegossen in unsere Herzen durch den Heiligen Geist (Röm 5,5). Eigentlich brauchen wir nur unsere inneren Schleusen zu öffnen und Liebe an andere Menschen zu verschenken, um für den Nachschub Platz zu schaffen.

Wie man Gottes Liebe tankt

Da ich sonntags als Seelsorger mit einer großen Gruppe von Menschen, von denen viele mit ernsthaften Problemen belastet sind, während und auch besonders im Anschluß an zwei Gottesdienste zu tun habe, benötige ich immer ausreichend Kraft und Reserven an Liebe. Wenn ich mit „leerem Portemonnaie“ kommen würde, wäre ich am Ende des Tages gereizt, genervt und völlig ausgelaugt. Aus diesem Grund lasse ich mich mit Liebe füllen, indem ich mir einige Zeit nehme, um sie nur in Gottes Gegenwart zu verbringen. Dabei möchte ich nicht gestört werden. Mein erster Schritt in dieser Zeit ist die Anbetung Gottes. Ich versuche, das zu praktizieren, was Jesus als das höchste Gebot bezeichnete: „Darum liebt ihn von ganzem Herzen, mit ganzem Willen und ganzem Verstand und mit allen Kräften." Erst anschließend sagte Jesus: „Liebe deinen Mitmenschen wie dich selbst!" (Mk 12,30f).

Nach einer Zeit der Anbetung weihe ich Gott meinen Körper, meine Emotionen und meine Gedankenwelt. Meist bete ich: „Heiliger Geist, fülle mich und gib mir mehr von dir." Hierbei ist mein ganzes Wesen auf ihn konzentriert, der Liebe selbst ist. Meist erfüllt schon nach kurzer Zeit die Gegenwart des Heiligen Geistes den Raum. Ich nehme seine Gegenwart nicht nur wahr, sondern atme, ja sauge sie ein und nehme sie mit jeder Faser meines Wesens in mich auf.

Wenn wir ehrlich sind, müssen wir feststellen, daß wir in einem viel geringeren Maße lieben, als wir eigentlich könnten. Es ist meine persönliche Überzeugung, daß in jedem von uns tief innen verborgen ein riesiges Liebespotential schlummert, das nur dadurch freigesetzt wird, daß wir unseren Mitmenschen immer mehr in den Blick bekommen, ihm begegnen wollen und ihn mit Liebe beschenken.

- Du bist zu mehr Liebe fähig als jemand, der nur hin und wieder lieben kann, wenn ihn sentimentale Gefühle überkommen.
- Du bist jemand, der durch Gott unbegrenzt lieben kann.

Jeder Atemzug ist ein wunderbarer, unwiederbringlicher Augenblick, ein Geschenk Gottes, von dem niemand weiß, ob es nicht der letzte ist. Wenn Du wüßtest, daß Du in Kürze Deinen letzten Atemzug tun müßtest, wem würdest Du dann noch gern Deine Liebe zum Ausdruck bringen und ihm in Wort und Tat zu verstehen geben: „Ich liebe dich"?

Aus allen Poren Liebe verströmen

Von Gandhi wird erzählt, daß er, als einige Missionare von ihm wissen wollten, auf welche Weise sie die Herzen von Menschen im hinduistischen Kulturkreis besser erreichen könnten, antwortete: „Denken Sie an das Geheimnis der Rose. Sie tut gar nichts, aber sie duftet, und deshalb wird sie von allen geliebt. Duften Sie also, meine Herren."

Warum benutzen Frauen ein Parfum? Weil sie nicht nur die Augen, sondern auch die Nase auf sich aufmerksam machen wollen. Eine andere Begleiterscheinung eines angenehmen Parfums besteht darin, daß es in uns den Wunsch weckt, es auch zu besitzen.

Es gibt einen Duft, der in seiner Einzigartigkeit unübertroffen ist. Er heißt „Nächstenliebe". Dieser Duftstoff spornt, wenn wir ihn rückhaltlos verströmen, kräftig zur Nachahmung an. Mit unserer Liebe sind wir ein „Wohlgeruch der Botschaft von Christus", mit dem wir „... die Geretteten und die, die verlorengehen, erreichen", sagt Paulus (2 Kor 2,15).

Einer Rose muß man nicht erst sagen: „Dufte!" Sie verströmt ihren Duft von ganz allein. Der Mensch ist geschaffen, um zu lieben, deshalb liebe einfach. Stell eine Liste mit den Namen all derer auf, denen Du Deine Liebe schenken möchtest. Das können Menschen sein, die Du schon kennst, aber auch solche, die Du gern kennenlernen möchtest.

Denk daran, Du kannst aus einem riesigen Liebesreservoir schöpfen und hast deshalb viel weiterzugeben. Tu es einfach! Dufte wie ein ganzes Lavendelfeld und laß aus allen Poren Liebe, die Du von Gott erhalten hast, in Deine Umwelt hineinströmen!

Menschen mit Problemen und Kontaktschwierigkeiten lieben und annehmen

Was verunsichert und verärgert Dich am meisten an anderen Menschen? Welche Eigenschaften an diesen Personen lösen Abwehr und Rückzugsmechanismen in Dir aus? Ist es ihre Unfähigkeit, Liebe zu geben oder anzunehmen? Ist es ihre kritische Haltung oder der „coole" Panzer, vielleicht das Mauergesicht, das Dich auf die Palme bringt? Paulus ermuntert uns immer wieder, alles Menschenmögliche zu unternehmen, um mit anderen im Frieden auszukommen (vgl. Röm 12,18). Eine echte Hilfe ist folgendes: Laß Dich nicht angreifen und verunsichern, sondern schaue erst einmal hinter die Kulissen.

Der Blick hinter die Kulissen

Neulich traf ich einen Mann, mit dem ich ein Gespräch begann. Während der Unterhaltung mit mir war sein Gesichtsausdruck angespannt und insbesondere seine Stirn war in soviele Furchen und Falten gelegt, daß man Sonnenblumenkerne darin hätte pflanzen können. „Löst mein Anblick solche Kummerfalten aus?“ fragte ich mich im stillen. Zum Glück hatte ich schon nach kurzem begriffen, daß dieser Mann, der übrigens sehr offen und nett zu mir war, lediglich den Stempel seiner traurigen Kindheit in seinem Gesicht trug. Um also angemessen auf Menschen zugehen zu können, müssen wir uns bemühen, wenigstens etwas von ihrer Lebensgeschichte in Erfahrung zu bringen.

Jedes Jahr gibt es zum Schuljahresende Zeugnisse und jedes Jahr steigt bundesweit zu dieser Zeit die Selbstmordrate an. Schuld an diesem Dilemma ist die „Ich-liebe-dich-nur,-wenn-du-ein-gutes-Zeugnis-nach-Hause-bringst“-Mentalität. Auch ich habe meine Ehrenrunden auf der Schulbank gedreht und bin bestens mit den Gefühls- und Verhaltensmustern vertraut, die auf dem Nährboden der Ablehnung wachsen.

Die Tatsache, daß Erwachsene sich kaum an Lob, Bestätigung und Anerkennung erinnern können, beweist uns den Liebesmangel auf diesem Planeten, der zu bizarren, neurotischen Charakterdeformierungen führt. Manche Menschen begegnen uns zunächst mit einem versteinerten, abweisenden Gesicht, das uns signalisiert: Es ist leichter, eine Auster mit einem Zahnstocher zu öffnen, als Zugang zu ihnen zu finden.

Aber auch hier täuscht der Eindruck, denn solche Menschen brauchen in der Regel nur eine etwas längere Auftauzeit, bis sie ihr Vertrauen langsam entfalten können. Kritik und Ablehnung schüchtern uns ein und bewirken, daß wir schließlich mit einer Fassade herumlaufen. Unsere Kinder merken es in der Regel sehr früh, wenn irgend etwas an ihnen nicht geschätzt wird. Sie beginnen dann schnell, sich mit einem Panzer aus „Made in Germany“-Qualität zu umgeben. Das Motto: „So unvollkommen, wie ich bin, darf ich mich auf gar keinen Fall zeigen.“ Die Fähigkeit, Gefühle wie Freude, Offenheit, Dank und Liebe auszudrücken, geht verloren.

In einem Gespräch mit einer Frau bekam ich einmal folgendes zu hören: „Ich komme so gut wie gar nicht mit anderen Menschen in Kontakt, denn mein Panzer ist zusätzlich von einer meterdicken Mauer umgeben. Ich lasse keine menschliche Wärme an mich heran, und ich lasse auch nichts aus mir heraus. Innerlich fühle ich mich wie in einer Pyramide lebendig begraben. Ich fühle mich so leer, fast wie abgestorben."

Es ist hilfreich zu verstehen, daß Menschen aus Angst vor neuen Verletzungen eine rauhe Schale um sich bauen. Sie geben sich extrem *cool* und vermitteln uns so den Eindruck, daß wir ihnen bitte nicht zu nahe kommen sollen. Laß Dich jedoch nicht durch den Schutzpanzer täuschen, denn hinter ihm verbirgt sich ein liebenswürdiger Mensch, der sich genauso wie wir selbst nach Freundschaft und Liebe sehnt. Hilf einem solchen Menschen, indem Du positiv, liebevoll und wohlwollend auf ihn zugehst, auch wenn er – zunächst – keinerlei Gemütsregungen zeigt. Laß Dich durch fehlende Reaktionen nicht verunsichern. Schon nach einigen Wochen oder Monaten wird die betreffende Person merken, daß Du für sie überhaupt nicht gefährlich bist und damit beginnen, in Deiner Gegenwart eigene Gefühle auszudrücken.

Umgang mit kritischen Menschen

Bedenken wir: Eine Person, die ihre Mitmenschen negativ beurteilt, sieht sich auch immer selbst in einem schlechten Licht. Eine Person, die sich positiv empfindet, sieht auch das Positive im Mitmenschen. Gerade Kritiker sind in der Regel schwer zu motivieren. Sie leben in ihrer eigenen Welt, in Gesetzmäßigkeiten, durch die sie gesteuert werden und die sie gefangen halten.

Suche nach dem Kernstück ihrer Einzigartigkeit! Der positiven Kraft der Liebe und Anerkennung können selbst kritische Naturen und Menschen mit abweisender Fassade auf Dauer nicht widerstehen.

Beziehungsprobleme rühren oft daher, daß wir noch unaufgearbeitete Dinge aus der Vergangenheit mit uns herumschleppen. Wenn Menschen gefühlskalt wirken oder ihren Blick von Dir abwenden, heißt das noch lange nicht, daß sie Dich abgrundtief verabscheuen. Vielmehr ist das Wegblicken und auch der Panzer, mit dem sie sich umgeben haben, ein Ausdruck menschlicher Scheu und Unsicherheit, der nach liebevoller Kontaktaufnahme Deinerseits verlangt. Um erfolgreiche Beziehungen zu gestalten, müssen wir Verantwortung für unser Verhalten anderen gegenüber übernehmen. Weder Du noch ich können uns aussuchen, wie man auf uns reagiert und uns behandelt. Jeder von uns kann jedoch entscheiden, wie wir auf die teilweise negativ gemeinten Bemerkungen reagieren.

Natürlich ist es leicht, anerkennende Worte der Liebe Menschen gegenüber zum Ausdruck zu bringen, die wir ohnehin mögen und die uns sympathisch sind. Ist es aber nicht so, daß gerade diejenigen unsere Liebe brauchen, die besonders abweisend und fast feindselig erscheinen? Es lohnt sich, darüber nachzudenken. Jesus wußte um die Not, die unsere Liebe herausfordert: „Nicht die Gesunden brauchen den Arzt, sondern die Kranken" (Mt 9,12). Oder noch deutlicher: „Was ist denn schon Besonderes daran, wenn ihr nur zu euren Brüdern freundlich seid? Das tun auch die, die Gott nicht kennen" (Mt 5,47).

Die „Innere-Heilungs"-Falle

Zum Abschluß dieses Kapitels möchte ich noch einen Punkt aufgreifen, an dem viele von uns besonders im Umgang mit schwierigen Menschen – letztendlich aber generell im Umgang mit Menschen – immer wieder scheitern. Insbesondere dann, wenn es heißt, auf schwierige Menschen zuzugehen, ihnen zu dienen und sie in Liebe zu gewinnen, tappen manche von uns in die sogenannte „Innere-Heilungs"-Falle. Sie läßt sich wunderbar mit nur acht Worten beschreiben: „Erst muß ich Heilung empfangen, bevor ich diene."

Mit dem permanenten selbstsüchtigen Um-sich-selbst-Kreisen beginnt für viele die Odyssee, die endlose Suche nach allem, wovon man geheilt und befreit werden muß. Jemand faßte diesen Sachverhalt in folgende Worte: „Bevor ich gehe, um zu dienen, muß ich erst selbst geheilt sein. Da aber gerade die Heilung so unendlich lange dauert, kann ich unendlich lange nicht gehen."

Jesaja dagegen drückt aus, daß Heilung nie dadurch zustande kommt, daß wir ständig um unsere Defizite kreisen, sondern vielmehr dadurch, daß wir Fesseln anderer lösen, Knoten des Jochs öffnen, gewalttätig Behandelten Freiheit schenken, Hungrigen das Brot brechen und Nackte bekleiden. Wenn wir solches tun – so sagt er –, kommen wir in den großartigen Genuß der folgenden Segnungen, die in Kapitel 58, Verse 6-12 aufgezählt sind:

1. Dein Glück wird wie die Sonne am Morgen strahlen.
2. Deine Wunden werden schnell heilen.
3. Deine guten Taten gehen Dir voran und die Herrlichkeit Gottes folgt Dir als starker Schutz.
4. Du wirst zu Gott rufen und er wird Dir antworten.
5. Deine Dunkelheit wird hell werden, rings um Dich her wird das Licht strahlen wie am Mittag.
6. Gott wird Dich immer und überall führen.
7. Auch im dürren Land wird er Dich satt machen.
8. Er wird Dir seine Kraft geben.
9. Du wirst wie ein Garten sein, der immer genug Wasser hat und wie eine Quelle, die niemals versiegt.

Wichtige Gedanken, die ich mir einprägen will:

1. ______________________________

2. ______________________________

3. ______________________________

4. ______________________________

Angestrebte Verhaltensänderungen im Umgang mit anderen:

1. ______________________________

2. ______________________________

3. ______________________________

4. ______________________________

Meine persönliche Zielsetzung für praktische Veränderungen:

1. ____

2. ____

3. ____

4. ____

Prinzip 11: Vergebung – das Geheimnis eines glücklichen Lebens

Wer niemals verletzt werden will, sollte um Himmels willen unter keinen Umständen jemanden lieben, geschweige denn eine Freundschaft mit jemandem eingehen. Es gibt nämlich auf dieser Welt keine Liebe ohne Schmerz, keine gute Ehe ohne Verletzungen und keine Freundschaft ohne Enttäuschung. Im allgemeinen neigt der Mensch dazu, Situationen und Umständen aus dem Weg zu gehen, die für ihn unangenehm oder schmerzhaft werden könnten, die im Grunde genommen aber sehr wichtig für ihn sind. Lieber Leser, erlaube mir an dieser Stelle ein paar kräftige „Anfragen“:

- Solltest Du bei der Suche nach einem Freund noch nie verletzt worden sein, dann hast Du Dich vermutlich nicht genug ins Zeug gelegt.
- Solltest Du von Deinem Freund (Deiner Freundin) noch nie verletzt worden sein, so vermute ich, daß Deine Freundschaft noch keine richtige Freundschaft ist.
- Solltest Du jedoch einen Freund haben, an dessen Freundschaft Dir etwas liegt, so könnten die Prinzipien dieses Kapitels weiterhelfen.

Jeder möchte Vergebung empfangen

Hemingway erzählt in einer Kurzgeschichte von einem Mann, der mit seinem Sohn Paco in Spanien lebte. Da die Beziehung zwischen Vater und Sohn zunehmend problematischer wurde, verließ der Sohn eines Tages den Vater. Völlig verzweifelt begab sich der Vater auf eine lange Reise, um seinen rebellischen, verlorenen Sohn wiederzufinden. Als alle seine Versuche gescheitert waren, beschloß er, ein Inserat mit folgendem Inhalt in die Madrider Tageszeitung zu setzen (an dieser Stelle muß ich jedoch erwähnen, daß der Name Paco in Spanien nicht gerade selten vorkommt): „Lieber Paco, triff mich morgen Nachmittag vor dem Büro der Madrider Tageszeitung. Alles ist vergeben. Ich liebe dich. Dein Vater.“

Hemingway berichtete anschließend, daß sich zur abgemachten Zeit ca. 800 Pacos vor dem Zeitungsgebäude eingefunden hatten, die alle Vergebung suchten.[1]

Es gibt wohl keinen vernünftigen Menschen auf diesem Planeten, der nicht gern Vergebung empfängt, denn Vergebung ist etwas, wonach wir uns alle sehnen. Unsere Augen werden feucht, wenn wir Zeuge großer Augenblicke der Vergebung im Leben anderer werden. Auch hier sollte die goldene Regel Jesu greifen: Behandelt die Menschen so, wie ihr selbst von ihnen behandelt werden wollt. Es ist ein offenes Geheimnis, daß Menschen, die über Versöhnungswillen und große Bereitschaft zur Vergebung verfügen, in der Regel viele Freunde besitzen. Der schnellste Weg, um eine Freundschaft zu beenden, besteht darin, ganz einfach zu vergessen, daß der geliebte Mensch oder der Freund nicht vollkommen ist. Wir lassen dabei einfach außer acht, daß er auch nur ein Mensch wie Du und ich ist und daß er wie jeder andere ebenso enttäuschen, im Stich lassen und verletzen kann.

Die merkwürdige Strategie Jesu

Die alttestamentliche Forderung: „Auge um Auge, Zahn um Zahn" erzeugt in letzter Konsequenz eine Gesellschaft von Blinden und Zahnlosen. Jesu Devise dagegen lautete: „vergeben statt vergelten." Er sprach häufig über Vergebung und einmal forderte er seine Jünger sogar auf, nicht nur einmal, sondern sieben mal siebzigmal zu vergeben. Ich stelle mir vor, daß Jesus lächelte, als er das sagte, denn er wußte genau, wie schwierig es manchmal für uns Menschen sein kann zu vergeben.

Als ich letzte Nacht zu Bett ging, war ich über eine Person, die mir sehr am Herzen lag und die mich verletzt hatte, so sehr verärgert, daß ich kein Auge zumachen konnte und schließlich aufstand. Als ich im Wohnzimmer auf- und abging, beschloß ich, den immer dreister aufsteigenden Grollgefühlen durch positive Gedanken die Kraft zu nehmen. So begann ich schließlich, im Geist alle mir bekannten guten Eigenschaften der betreffenden Person aufzuzählen und brachte so eine recht stattliche Summe

---

[1] aus: Ernest Hemingway „The Capital of the World"

zustande. Nun versuchte ich mir zu erklären, warum die Person so negativ, unfreundlich und abweisend auf mich reagiert hatte. Langsam aber sicher konnte ich schemenhafte Konturen erkennen, die mir das Verhalten der Person deutlicher machten und zu guter Letzt konnte ich sie sogar verstehen. Jetzt fiel es mir auf einmal sehr leicht, Vergebung auszusprechen und Segensgedanken zu formulieren. Ich ging sogar so weit, daß ich mir ein kleines Geschenk für die Person überlegte.

Jetzt, wo ich über Vergebung nachdenke, wird mir wieder deutlich, daß jeder Mensch letztendlich für seine Gefühle selbst verantwortlich ist. Jeder von uns kann sich ärgern, verbittert sein, etc., jedoch ist keiner von uns dazu verpflichtet. Wer sich zu negativen Gefühlen hinreißen läßt, schadet vor allem sich selber und greift seine eigene Persönlichkeit an.

Als Jesus am Kreuz hing, rief er aus: „Vater, vergib ihnen! Sie wissen nicht, was sie tun“ (Luk 23,34). In Jesus haben wir ein perfektes Modell und Vorbild, das wir uns immer wieder vor Augen halten sollten, wenn wir verletzt werden. „Wer liebt, der trägt keinem etwas nach“ (1 Kor 13,5), formulierte Paulus und brachte damit zum Ausdruck, daß Liebe immer die Vergebung wählt. Ein Mensch der Nächstenliebe wird auch in zunehmendem Maße ein vergebender Mensch sein. Trotzdem wissen wir, daß Vergebung niemals billig ist, denn indem wir uns entscheiden zu lieben und deshalb vergeben, bezahlen wir den Preis für die Schuld anderer.

Vergebung heilte ihn von Asthma

Ein Mann, den ich Frank nennen möchte, besuchte vor einigen Jahren ein Seelsorgeseminar, das ich leitete. Sein Gesicht war von Bitterkeit und Schmerz gezeichnet. Er erzählte mir, daß er seinem Elternhaus – einer emotionalen Tiefkühltruhe – schließlich im Alter von 23 Jahren entkommen sei. Es war unschwer zu erkennen, daß ihn die Ablehnung in seinem Elternhaus geformt und verbittert, einsam und verbissen gemacht hatte. Ich vermutete, daß der tiefste Grund für seine Asthmaanfälle die bedrückende elterliche Ablehnung war.

Im Verlauf unserer Gespräche sagte ich: „Bitterkeitswurzeln werden nur durch Versöhnung herausgezogen. Entscheide selbst, was für ein Leben du weiterhin führen willst. Möchtest du auf Schmerz und Verbitterung oder auf Vergebung bauen?" Nachdem wir noch eine Zeitlang miteinander gesprochen hatten, schien er langsam zu ahnen, was er sich selbst durch seine Unversöhnlichkeit antat. Das setzte in ihm allmählich den Willen zur Versöhnung frei. Ich bat ihn, mir nachzusprechen: „Vater, ich vergebe dir." Das einzige, was er davon über die Lippen brachte, war das Wort „Vater", der Rest blieb ihm im Halse stecken. Frank würgte und hätte sich fast übergeben. Ich betete laut: „Jesus, wir nehmen jetzt deine vergebende Lebenskraft in Anspruch. Im Namen Jesu breche ich die Macht der Ablehnung in Franks Leben." Als ich diesen Satz wiederholte, mußte Frank mehrmals aufstoßen. Offensichtlich lösten sich in diesem Moment seelische und körperliche Ablehnungsblockaden. Dann konnte Frank plötzlich den Satz aussprechen, von dem er vorher nur das eine Wort herausgebracht hatte: „Vater, ich vergebe dir." Ich ließ ihn diesen Satz gleich mehrmals sagen, und Frank berichtete mir anschließend, daß er sich frei von Wut und Bitterkeit gegen seinen Vater fühle. Ich war sehr überrascht, als er mir Monate später erzählte, daß mit unserem Gebet auch sein Asthma verschwunden sei.

Wenn wir auf Haß und Bitterkeit bauen, sind wir nicht nur die Opfer unseres Denkens, sondern auch die Schöpfer. In meinem Buch „K.O. oder O.K." berichtete ich von Martin, einem jungen Mann, der seiner Mutter Vergebung aussprach und dadurch Heilung von seinem Hautausschlag erlebte. Eltern werden so wieder zu „Freunden".

Zum Zeitpunkt unserer Geburt sind wir großenteils noch frei von Angst, Haß und Bitterkeit. Die meisten dieser und ähnlicher negativer Eigenschaften dringen erst in uns ein, wenn wir unseren Weg über den „gefallenen Planeten Erde" gehen, der unter dem Zeichen der Ablehnung steht. Von Neid, Bitterkeit und Eifersuchtsgefühlen gebunden, erreichen viele Menschen niemals ihr Lebensglück – nämlich ein zufriedener Mensch zu sein, der Gott und viele Menschen zum Freund hat.

Wer Rache und Haßgefühlen Raum gibt,
schadet sich letzten Endes nur selbst und
verbrennt seine wertvollen Lebensenergien im falschen Ofen.

Alle Versuche, eine ungute Situation durch Stolz und Rückzug oder Bitterkeit selbst zu „bewältigen“, machen uns innerlich zu Sklaven unserer Emotionen. Nachdem wir die Gehirnwäsche der Bitterkeit zugelassen haben, kommt die uns innewohnende Stimme des Heiligen Geistes nicht mehr zum Zuge, so daß der Zugang zu einem gesunden Leben in Frieden weitgehend blockiert ist.

Ich möchte Bitterkeit mit einem metastasierenden Tumor vergleichen, der dadurch beständig wuchert, daß wir ihm die optimalsten Wachstumsbedingungen liefern. In diesem Zusammenhang halte ich Präsident Lincolns Einstellung für bemerkenswert, die jemand einmal in einer Predigt erwähnte. Er soll gesagt haben: „Ich werde nie zulassen, daß ein Mensch meine Seele in die Tiefen des Hasses reißt.“

Erlaube Gott, Dich immer zum Ziel der Versöhnung zu geleiten, was natürlich immer mehr auch Dein ganz persönliches Ziel werden muß. Bedenken wir: Die wutgeballte Faust empfängt nichts, wogegen die geöffnete, segnende Hand gefüllt wird.

Die Tür des Seelenkäfigs öffnen

Daß der Inhalt unseres Denkens und Glaubens in Sachen Versöhnlichkeit auf sehr konkrete Weise unser Schicksal sowie unsere Zukunft bestimmt, zeigt uns auch die Geschichte von Rose Price. Als lljähriges jüdisches Mädchen wurde Rose, als die Nazis in Polen einmarschierten, in ein Konzentrationslager gebracht, wo sie bei der Produktion von Munition und Bomben mithelfen mußte. Ihr Leidensweg führte sie über Bergen-Belsen nach Burgau und schließlich nach Türkheim (Türkheim und Burgau waren Teile des Lagers Dachau). An dieser Stelle möchte ich Rose Price zitieren, die auf einer Großveranstaltung in Nürnberg sprach:

„... Über all das Schreckliche, das ich dort erlebt habe, kann ich jetzt hier nicht berichten. Ich wurde einmal bis zum Hals in einen Tank mit Abwässern gestellt und mußte dort 24 Stunden auf Zehenspitzen zubringen. Warum? Mein Vergehen war, daß ich gelächelt hatte. Das war nur ein Teil des Ganzen. Jeden Samstagnachmittag, nachdem wir mit der Arbeit fertig waren, wurden wir in einen Raum gebracht. Die Soldaten schlossen miteinander Wetten ab, wer zuerst weinen oder bluten würde, wenn sie uns schlugen. Als wir das merkten, hörten wir auf zu weinen. Dann wurden die Schläge immer schlimmer; es steigerte sich bis zur Folter. So bin ich fünf Jahre durch diese Konzentrationslager gegangen.

Im Jahre 1981 wollte Gott von mir, daß ich Deutschland wieder besuchen sollte. Ich wollte dieses Land eigentlich nie wieder betreten, das für mich ein verfluchtes Land war. Ich hatte so viel Haß in meinem Herzen, daß ich deshalb 27 mal operiert werden mußte. Dann bin ich doch nach ‚Berlin 81' gefahren und sprach dort. Ich wollte eigentlich nicht öffentlich sprechen. Als ich dann aber Gott gehorsam wurde und die Ansprache hielt, rührte mich Gott an und heilte meinen Leib. So kann ich heute vor Ihnen stehen und Ihnen in Liebe begegnen. Deshalb sagte ich, ich bin mit Vergebung gekommen. Ich habe lernen müssen zu vergeben. Auch Sie sollten lernen, wie man vergibt. Denn sehen Sie, Gott hat mir gezeigt, wenn man einen Menschen haßt, dann ° ist man mit diesem Menschen zusammen in einem Gefängnis. Wenn man aber vergibt, wird man aus diesem Gefängnis herausgelassen. Deshalb ist es so wichtig, daß wir einander vergeben ...“[2]

Fünfundzwanzig Millionen Euro erlassen

Jesus erzählt die Parabel von einem König, der mit einem Untergebenen abrechnet, der ungefähr fünfundzwanzig Millionen Euro veruntreut hat (in damaliger Währung einfach eine schlechthin

[2] aus: „Befreit durch Vergebung“ in „Der Auftrag“ Nr. 27, JmeM, S. 20

unbezahlbare Schuld). Als der König anordnet, den Schuldner samt seiner Familie und dessen gesamten Besitz zu verkaufen, um wenigstens einen kleinen Teil des Schadens zu begleichen, fleht der Mann, der ein furchtbares Schicksal auf sich und seine Familie zukommen sah, den König um Gnade an. Der liebevolle, großzügige König konnte es sich leisten, diesem Betrüger ganz großen Stils, der jetzt nur noch ein Häufchen Elend zu sein schien, die komplette Schuld zu erlassen. Kaum hat der Verwalter, dem die unbezahlbare Riesenschuld erlassen worden war, das Gebäude verlassen, geht er zu einem kleinen Angestellten, der ihm ungefähr vierzig Euro schuldet. Was wird er ihm wohl sagen? Daß er sie behalten kann? Nein, er macht das krasse Gegenteil! Unbarmherzig und rücksichtslos zwingt er ihn mit den damaligen Rechtsmitteln (Gefängnis), die Schuld auf der Stelle zu begleichen. Als der König davon erfährt, widerruft er seinen Gnadenakt und läßt den Verwalter ins Gefängnis werfen.

Mit dieser Parabel vermittelt uns Jesus, daß die bewußte oder unbewußte Sündenschuld eines jeden Menschen mit der unbezahlbaren Summe von fünfundzwanzig Millionen Euro zu vergleichen ist, die uns vom himmlischen König erlassen wird. Millionen Mal vergibt uns Gott, sollten wir da nicht auch großzügig werden? Wenn wir nicht durch Gottes Barmherzigkeit barmherzig werden und nicht von seiner Vergebung lernen, so haben wir die gesamte Gnade Gottes verscherzt. Großzügiges Vergeben fällt uns dann leicht, wenn wir Gottes unendlich vergebende Gnade annehmen und verstehen, wie gering unsere Vergebung ist, die wir anderen schenken im Verhältnis zu der, die wir Tag für Tag von unserem Vater erhalten. Was uns bei dieser Geschichte besonders betroffen machen sollte, ist: Wenn wir nicht bereit sind zu vergeben, kann Gott auch seine schon geschenkte Vergebung widerrufen.

Die verändernde Kraft vergebender Nächstenliebe

Eine schöne Geschichte, die Dale Carnegie in seinem Buch „Wie man Freunde gewinnt“ berichtet, ist folgende: Bob Hoover, ein Testpilot und exzellenter Flugakrobat, stieg in seine Maschine, um von San Diego nach Los Angeles zu fliegen. Als sein Höhenmesser knapp tausend Meter Flughöhe anzeigte, fielen plötzlich beide Motoren seiner Maschine aus. Da Hoover ein exzellenter Flieger war, gelang ihm durch gekonntes Manövrieren eine Notlandung, die zwar keinem der drei Insassen, dafür aber seiner Maschine enormen Schaden zufügte. Schon kurz nach der Landung entdeckte Hoover die Ursache für den Motorenausfall: Ein Mechaniker hatte die alte, wertvolle Propellermaschine aus dem 2. Weltkrieg mit Kerosin für Turbinenflugzeuge aufgetankt, statt sie mit Flugbenzin für Kolbenmotoren zu füllen. Wieder am Flughafen in San Diego angekommen, verlangte er nach dem Mechaniker. Der junge Mann war in den letzten Stunden vor Verzweiflung über seinen Irrtum, der eine wertvolle Maschine zerstört und beinahe drei Menschenleben gekostet hätte, fast durchgedreht. Tränenüberströmt, blaß und voller Angst ging er auf Hoover zu und erwartete innerlich betäubt ein explosives, niedermachendes Donnerwetter. Doch ohne einen Anflug von verdammender Kritik oder geballter Wut legte Hoover seinen Arm um die Schultern des jungen Mechanikers und sagte: „Damit Sie sehen, daß ich weiß, daß Ihnen so etwas nie mehr passieren wird, möchte ich Sie bitten, morgen meine F-51 aufzutanken.“ In diesem Moment hatte Hoover wahrscheinlich einen Freund fürs Leben gefunden.

Victor Hugo beschrieb in gleicher Weise die verändernde Kraft vergebender Nächstenliebe in folgender Geschichte, deren Inhalt ich hier nur komprimiert wiedergeben möchte: Weil ein Mann namens Valjean einen Laib Brot für seine hungrigen Kinder gestohlen hatte, mußte er neunzehn Jahre ins Gefängnis. Voller Mißtrauen, Enttäuschung und Verbitterung gegen seine Mitmenschen wurde er nach dieser langen Zeit entlassen. Da seine Kennkarte ihn als Ex-Sträfling auswies, war es ihm unmöglich, irgendeine Arbeit, geschweige denn eine Unterkunft zu bekommen. Ein menschenfreundlicher Bischof bot ihm schließlich ein Abendessen sowie ein Nachtlager an. Genau in dieser Nacht stahl Valjean das wertvollste Gut des heiligen Mannes, nämlich sechs Silberlöffel sowie eine silberne Suppenkelle. Als man ihn erneut festnahm und ihn wegen des Diebesgutes einsperren wollte, behauptete Valjean, der Bischof habe ihm das Silbergeschirr als Geschenk mitgegeben. Als es dann zur erwarteten Gegenüberstellung kam, erschrak Valjean, denn der Bischof bestätigte seine Darstellung des Hergangs und forderte seine Freilassung. „Und hier, lieber Freund, sind noch die Leuchter“, sprach der Bischof. „Nehmen Sie sie mit, bevor Sie gehen.“ Am nächsten Tag erlebte Valjean als Folge dieser annehmenden Liebe tränenüberströmt einen tiefen, inneren Zusammenbruch, der ihn von seiner verbitterten Herzenshärte erlöste.

Von der vergebenden Nächstenliebe gereinigt und geläutert, beginnt für diesen Mann genauso wie für den jungen Mechaniker oder auch den verlorenen Sohn im Gleichnis Jesu ein völlig neues Leben. Die angeführten Beispiele lehren uns folgendes: Vergebung heißt Gnade gewähren und Gnade kann nur der geben, der sie selbst erfahren hat.

Wie sieht konkret „Gnade gewähren“ aus?

Überprüfe doch, ob Du den Menschen gegenüber, die Dich verletzten, frei von Bitterkeit und Ärger bist. Kannst Du sie mit freiem Herzen segnen und ihnen ein glückliches Leben wünschen? Wenn nein, so sitzt die bittere Wurzel noch tief und fest. In diesem Fall möchte ich Dir empfehlen, Dich auf die Gegenwart und Kraft Gottes zu konzentrieren, die Deine Kraft gegen die Mauern der Unversöhnlichkeit ist, und folgendes Gebet zu sprechen:

> *„Gott, ich danke dir für deine Liebe, die du in mich durch deinen guten Heiligen Geist ausgießt. Ich empfange sie gerade jetzt. Dein Friede, der höher ist als all mein Schmerz, erfülle und durchflute mein ganzes Sein. Ich empfange deine vergebende Gnade für mich und Heilung von meiner Bitterkeit. Jetzt nehme ich die Lebenskräfte deiner Auferstehung in Anspruch und vergebe … (an dieser Stelle Namen und die zu vergebenden Dinge einsetzen). Ich sage mich los von meinem Haß und meiner Bitterkeit gegenüber … und segne ihn/sie. Vater im Himmel, ich verspreche dir, daß ich mich nicht mehr verletzen werde, indem ich mich von … zurückziehe, um somit wieder eine Haltung des*

Herrschens gegenüber …, der/die mich verletzt hat, einzunehmen.“

Vielleicht wird Dein Schmerz nicht sofort verschwinden, und Du mußt den Vorgang einige Male wiederholen. Jedes Mal, wenn wir verzeihen und segnen, tropft geistliches Jod auf unsere Seelenwunde. Segne die Person, die Dich verletzt hat, und zwar so oft, bis alle Abneigungen verschwunden sind. Die neuen, versöhnenden Gedanken rufen langsam aber sicher positive Gefühle in uns wach und eliminieren unsere emotionalisierten, negativen Gedanken, die wir gegenüber der Person pflegten, die uns verletzt hat.

Prinzip 12: Bleib auf Entdeckungsreise und Du bleibst interessant

Denken wir doch für einen kurzen Augenblick an unsere Kindheit zurück. Vermutlich war es für uns als Kinder damals sehr interessant, unsere Umwelt zu entdecken, sie zu begreifen und zu betasten. Jeder von uns hat Kaninchen gestreichelt, das Feuer entdeckt oder ganz einfach nur seinen geblümten Nachttopf ausprobiert, ob er auch im umgedrehten Zustand den Inhalt behält. Etwas später stellten wir fest, daß es schöne Kirschbäume im Nachbargarten gab, auf die wir gern – aus rein sportlichen Gründen versteht sich – klettern wollten. Genauso wie damals gibt es auch heute noch viel zu entdecken. Für mich ist die geistliche Welt, die Dimension des Heiligen Geistes, mehr als eine Reise wert. Nur wer hungrig auf Entdeckungsreise bleibt, wird langfristig ein interessanter Mensch sein, der wächst und von seiner Umwelt geschätzt wird.

Hier nun zwei Beispiele, die uns zeigen, daß die Entdeckungsreise selbst im hohen Alter nicht aufhören muß. Für viele ältere Menschen ist der ihnen verbleibende Lebensabend nur noch so etwas wie ein dahinschwindender Kerzenstummel. Wieder andere erlebe ich als hell leuchtende Fackeln, die unsere Generation mit ihrem Beispiel herausfordern und Mut machen. Zu ihnen gehörte ein siebzigjähriger Mann. Er hatte seine Frau verloren, mit der er über fünfunddreißig Jahre lang glücklich verheiratet gewesen war. In seinen Gebetszeiten zeigte ihm Gott, daß er nicht allein bleiben müsse. „Du hast recht, Gott“, sagte er. „Ich darf nicht in der Vergangenheit leben. Jeder Tag, den du mir schenkst, ist ein kleines Leben für sich.“ Ein halbes Jahr später war er wieder verheiratet und verlebte noch einige glückliche Jahre mit seiner Frau bis zu seinem Tod.

Warum sollten nicht auch ältere Menschen noch einmal das „große Ding“ drehen? Gerade im Alter können sich überraschende Türen auftun, wenn wir mit Gott ans Werk gehen. Er meint es absolut gut mit uns.

Neulich hängte ich mir abends nach dem Gottesdienst eine E-Gitarre um (ich habe zehn Jahre in Bands gespielt), drehte den Verstärker voll auf und begann, mit zwei anderen Musikern aus unserer Gemeinde handfesten Rock-'n-Roll zu spielen. Plötzlich sah ich, wie Helga, unser ältestes Gemeindeglied, mit ihren dreiundsiebzig Jahren zu der Musik durch den Raum tanzte. „Wow", dachte ich, „diese Frau ist von Gott und ihrer Gemeinde begeistert." In ihrem Alter hat sie noch wegen ihrer jungen Freunde ihren Musikgeschmack verändert. Wenn sie evangelisiert oder Zeugnis gibt, ist sie jünger als die meisten jungen Menschen unserer Gemeinde. Sie tanzt nach einer neuen Melodie, die Gott in ihr Herz pflanzte.

Menschen wie sie beginnen ihren Tag mit Begeisterung, denn sie haben verstanden, daß jeder Tag ein kleines Leben ist, das Gott uns schenkt. Jeder Sonnenstrahl wird genossen, jeder Duft eingesogen, jeder Mensch zum Freund, jede Aufgabe zu einer Möglichkeit. Obwohl die Gelenke nicht mehr so mitmachen, erwarten solche Menschen jeden Morgen ein neues Wunder. Sie konzentrieren sich auf die helle Seite ihres Lebens, die voller Freude, Hoffnung und Liebe ist. „Was soll ich mich beschweren?" sagte Helga. „Ich bin dankbar, daß ich meine Beine und Arme noch bewegen kann, dankbar dafür, daß ich noch nicht alles vergesse. Am meisten freue ich mich über mein Leben mit Gott."

Für mich ist Helga eine absolut außergewöhnliche Frau, da sie selbst im hohen Alter ihre Entdeckungsreise nicht beendet hat, sondern innerlich immer weiterwächst, um für Gott produktiv und voller Humor zu sein. Mit ihrem Beispiel hat sich mich angeregt, über mein Alter nachzudenken. Für mich ist sie mittlerweile zu einem Bild der Hoffnung für unsere Generation geworden, denn nur wenige Menschen führen ihr Leben mit einer solchen Würde. Ich brauche wohl nicht zu erwähnen, daß Helga darüber hinaus zu den interessantesten Menschen unserer Gemeinde zählt und viele Freunde hat. Meine besondere Anerkennung gilt den alten Menschen wie ihr, die nie aufgehört haben, innerlich zu wachsen.

Auf zu neuen Horizonten

Ohne neue Herausforderungen bewegen wir uns auf den alten, langweiligen und ausgetretenen Nebenpfaden des Lebens und altern vor uns hin. Unser Blick schweift dann immer öfter über die

Trophäen von gestern, über die Siege, die „in den guten Zeiten“ errungen wurden. Personen, die sich auf den Lorbeeren von gestern ausruhen und sich selbst nicht mehr fördern, indem sie sich herausfordern lassen, verlieren zunehmend den Glauben an ihre Fähigkeiten. Richtig alt sind wir dann, wenn die Vergangenheit uns mehr bedeutet als die Zukunft, als neue Ziele, die Gott uns geben möchte.

Ein Schweizer Philosoph schrieb vor über hundert Jahren:

„Wer schweiget, gerät in Vergessenheit,
wer nicht nach vorne geht, fällt zurück;
wer anhält, wird eingeholt, überflügelt und zermalmt;
wer nicht weiterwächst, wird kleiner,
wer innehält, gibt auf.
Der Zustand des Stillstehens bedeutet den Anfang vom Ende.“

Halten wir fest:

- Ein Hunger nach Gott und dem Leben ist elementare Voraussetzung für Wachstum.
- Jeder Tag, den Gott uns schenkt, ist ein Leben für sich.
- Offenheit für Neues hält uns jung.
- Bleibe auf Entdeckungsreise und Du bleibst interessant.

Teil III

Tiefe Freundschaften ausbauen und pflegen

Tiefe Freundschaften ausbauen und pflegen

Wie baut man eine enge und tiefe Beziehung zu einem Menschen auf? Muß man sich eine Freundschaft verdienen? Und wenn ja, was kostet sie? Wie gehen wir mit Verletzbarkeit und Enttäuschung in unserer Beziehung um? Welche Stolpersteine gibt es auf dem Weg der Freundschaft? Was ist eigentlich Freundschaft und was nicht? Mit allen diesen Fragen wollen wir uns in diesem dritten und letzten Teil des Buches befassen.

Lockere freundschaftliche Verbindungen

Wie wir inzwischen festgestellt haben, ist das menschliche Miteinander wichtiger als alles andere in der Welt. „Meine Frau ist mein einziger Freund, und das reicht mir", sagte mir neulich ein Mann. Schon der Autor McGinnes wies darauf hin, daß eine solche Haltung eine Ehe enorm unter Druck setzen kann, da kein Partner allein – und sei er noch so gut –, all unsere Bedürfnisse erfüllen kann. Scheidungen sind nur allzuoft die Folge eines solchen überhöhten Anspruchdenkens. Das Gefühl schmerzhafter Einsamkeit und die Unfähigkeit zur Männerfreundschaft scheinen mir die Gründe dafür zu sein, daß Männer die menschlichen Bedürfnisse ihrer Partnerinnen nach Freiheit mißachten und sie überfordern, indem sie sie in den Elfenbeinturm einer „romantischen Ehe, in der einer dem anderen alles ist", sperren.

Schon zu Beginn dieses Buches habe ich darauf aufmerksam gemacht, daß gerade lockerere Freundschaften einen hohen Wert haben. Viele dieser Freundschaften, die unter anderem auch durch meinen Dienst entstanden sind, haben für mich einen unschätzbaren Wert. Es sind fruchtbare Begegnungen der Liebe, die vieles ins Rollen brachten, wenn auch ein Wermutstropfen in ihnen steckt. Ich meine damit das „Touch-and-go-Feeling", das wahrscheinlich allen aktiven Mitarbeitern im Reich Gottes gut bekannt ist. Auf der anderen Seite gibt es immer neben dem weinenden Auge unterbrochener Freundschaftsprozesse – die wohl erst im Himmel ihre Fortsetzung finden werden –, auch ein lachendes Auge des Eingebettetseins im gleichen Auftrag. Das Arbeiten am gleichen Ziel, die gemeinsame Anstrengung und der gleiche Preis, den wir dabei zahlen, verbindet auch ohne ständige Kontakte ungemein.

Diese lockeren Freundschaften, die manches Mal aufgrund der Fülle an Beziehungen und Aufgaben nur eine gewisse Entwicklungsstufe von Freundschaft ermöglichen, geben mir viel Kraft, Liebe und neue Impulse. Für mich als Mensch, für meinen Dienst und für das Reich Gottes sind sie absolut wertvoll. Aus diesem Grund sollten wir den Menschen, mit dem wir gerade zusammen sind, immer so behandeln, als sei er der wichtigste Mensch in unserem Leben.

Leider gewinnen egozentrische Menschen, die eine Klammerbeziehung brauchen und so die „tiefe Freundschaft" veridealisieren, dieser lockereren Form von Freundschaft so gut wie keine Lebensfreude ab. Die meisten von ihnen sterben wie der Rest der Menschheit einsam, selbst bei ihrer Beerdigung erscheinen – vom Ehepartner mal abgesehen – nur einige Angehörige. Dies ist nur ein weiterer Beweis dafür, daß sie ihr Leben ohne allgemeine freundschaftliche Beziehungen gelebt haben. Wer ohne Freunde durch das Leben geht, verkraftet es vielleicht, dass er bei seinem letzten Gang nicht gerade von dem Gebet und der Liebe zahlloser Freunde getragen wird. Schlimm ist, dass er auf eine Fülle bereichernder, beglückender und erbaulicher Erfahrungen verzichtet. Denken wir doch für einen Moment mal über den glücklichsten Menschen nach, den wir kennen. Ist er oder sie nicht jemand, der überall Freunde zu finden scheint?

Ich habe ja bereits erwähnt, dass Freundschaften gerade in unserer Zeit genauso scheinbar unaufhaltsam absterben wie die Wälder. Über das Waldsterben und seine Ursachen wurde viel gesprochen, doch gegen das Massensterben der Freundschaft erhebt sich keine Stimme. Vielleicht liegt es auch daran, daß es fast zu den Raritäten gehört, eine Freundesbeziehung zu haben – und sei sie nur von „lockerer Art" – und kaum jemand weiß, wie diese kultiviert und erhalten werden muss.

Meine Taucheruhr, die mich auf vielen Tauchgängen begleitet, ist bis in zweihundert Meter Tiefe wasserdicht. Sie verdankt ihren Schutz gegen das Eindringen von Wasser nicht dem Zufall, sondern einer ausgeklügelten Konstruktion. Freundschaften, die auf einer falschen Beziehungskonstruktion basieren, sind gegen zerstörerische Einflüsse genauso wenig immun wie eine normale Uhr, mit der wir einen Tauchgang in dreißig Meter Tiefe wagen. Was eine falsche Beziehungskonstruktion ist, möchte ich im folgenden in knappen Sätzen zusammenfassen.

Was ein Freund nicht ist

- Einen Freund wählt man nicht nach dem Kriterium der Nützlichkeit aus.
- Er ist auch keine Klagemauer, die für unsere alltäglichen Wehwehchen und Zipperlein des Lebens immer ein offenes Ohr haben muss.
- Er ist auch nicht jemand, der für uns Dinge erledigt, die wir selbst nur ungern angehen wollen.
- Ein Freund ist weder eine „Bank" mit unendlich großem, finanziellem Überziehungskredit, noch jemand, mit dem wir eine exklusive Klammersymbiose eingehen sollten.
- Er muss uns auch nicht im 24-Stunden-Takt die Wünsche von den Augen ablesen.
- Er ist weder als „exklusiver Privatbesitz" zu verstehen, den man eifersüchtig gegen Beziehungseindringlinge verteidigt, noch als Blitzableiter für Zorn, Ärger, innere Spannungen und schlechte Laune.
- Er ist auch nicht jemand, von dem man sich nach dem Abklingen der romantischen Beziehungsphase oder des Verliebtseins wieder trennt, oder ein Partner, der einem den Lebensabend verschönern soll.

Ich hoffe nicht, dass das Lesen dieser Passage Deine „Freundschaftseuphorie" desillusionierend gedämpft hat. Vielmehr möchte ich verdeutlichen, dass im Zentrum wahrer Freundschaft niemals das Benutztwerden stehen darf, sondern vielmehr der feste Entschluss, selbst ein echter Freund zu sein.

Muß man sich Freundschaft verdienen?

Viele Menschen meinen, Freundschaft entstehe einfach so als Folge einiger glücklicher Umstände. Sicherlich ist an dieser Annahme etwas dran, jedoch wächst Freundschaft niemals ohne Phasen harter Arbeit, denn Freundschaften sind genauso anfällig gegenüber Zerstörung wie Billigstrümpfe gegenüber Laufmaschen. Eine stabile, gute Freundschaft muß man sich also doch verdienen. An dieser Stelle drängt sich uns eine weitere Frage auf: Kann man sich Freundschaft etwa kaufen? Du kannst es nicht nur, Du musst es sogar. Denn alles, was auf unserem Planeten einen Wert hat, hat auch einen Preis. Jede gute Ehe hat bekanntlich ihren Preis. Je besser eine Ehe, umso höher ist ihr Preis, den wir durch

- eine ausreichende Anzahl von Stunden des Gesprächs,
- intensive Zeiten des Zuhörens,
- eine Fülle von kleinen Geschenken und Aufmerksamkeiten,
- erneute Bereitschaft zur Vergebung,
- den phasenweisen Verzicht auf eigene Bedürfnisse,
- erhöhten Toleranzaufwand,
- vermehrten Einsatz von Lob, Ermutigung und Zuspruch,
- Zeitinvestition, usw.

„bezahlen“ müssen. Der Preis einer Freundschaft setzt sich aus denselben Beimengungen menschlicher Hingabe zusammen. Sie ist Kuchen aus demselben anspruchsvollen Teig.

Freundschaftliche Geschenke

Ein guter Einstieg in dieses Thema ist ein Witz, den ich einmal hörte. Da beschrieb ein Mann seinem Freund den Weg zu seiner neuen Wohnung. Er beendete seine Ausführung, indem er sagte: „Die Tür ist angelehnt. Du brauchst sie nur mit einem Fußtritt aufzustoßen.“ „Wieso soll ich sie mit einem Fußtritt aufstoßen?“ wollte der Freund wissen. Sein Gegenüber antwortete: „Die Hände wirst du ja wohl hoffentlich nicht frei haben.“

Sind es nicht die Geschenke, die uns erfreuen und an gute Freunde und liebevolle Menschen erinnern? Die CDs, die ich von meinem Freund Holger habe, erinnern mich jedesmal an sein großzügiges Herz und an die positiven Begegnungen und Stunden mit ihm. Selbst mein Auto erinnert mich an die Liebe zweier wunderbarer Menschen. Geschenke, die unerwartet eintreffen, erfreuen uns natürlich doppelt. Solche Geschenke können eine langstielige gelbe Rose sein, eine Einladung ins Kino, ein unerwarteter Brief, ein Lob auf einem kleinen Zettel, ein edles Parfum, ein Pullover, usw., usw. Die langstielige Rose, die mir ein Freund und Herzensbruder mitbrachte, werde ich nie vergessen. Nicht weil es so ungewöhnlich war, von einem Mann eine Rose zu bekommen, sondern weil sie ein verbindendes Symbol für mich war.

Vor einiger Zeit bekam ich von den Schülern unserer Leiterschaftsschule sowie unseren Mitarbeitern eine Geschirrspülmaschine geschenkt, denn unsere alte hatte schon vor einem Jahr ihren Sinn für glänzende Gläser verloren. Wir waren natürlich ganz aus dem Häuschen, so aus heiterem Himmel eine nagelneue Geschirrspülmaschine zu bekommen. Ich muß sagen, daß man sich in solchen Stunden geliebt fühlt und ganz neu motiviert wird, sich den Menschen in der Gemeinde hinzugeben. Was mich im Zusammenhang mit diesem Geschenk natürlich am meisten interessierte (es war ja ein gemeinschaftliches Geschenk), war die Frage, wer wohl die Idee dafür gehabt hatte.

Auch für liebe Menschen gilt das gleiche wie bei Gott: Der Geber ist immer wichtiger als die Gabe. Gaben und Geschenke verbinden uns nicht nur mit dem Geber, sondern sie erzeugen obendrein Freude. Freude ist letzten Endes das Wertvollste, was freundschaftliche Liebe geben kann. Auch für das Thema Geschenke machen gilt der Satz Jesu: „Behandelt die Menschen so, wie ihr selbst von ihnen behandelt werden wollt“ (Mt 7,12).

Meine kleine Tochter Mirjana macht mir oftmals übertrieben große Geschenke, für die sie ihr ganzes Taschengeld aufwendet. Obwohl ich ihre Geschenke eigentlich aufgrund des für sie recht großen Opfers eigentlich ablehnen müsste, erkenne ich an ihrem Gesicht sehr deutlich, dass sie zutiefst enttäuscht wäre, wenn ich ihr Geschenk nicht annehmen würde. Tief in mir spüre ich dann ihre enorme Liebe und Großzügigkeit, die mich schon oft zu Tränen gerührt hat.

Cornelia Cox, die Frau eines Gemeinde-Ältesten, hat ein aufmerksames Auge für die heimlichen Interessen ihrer Mitmenschen. Keiner findet passendere Aufmerksamkeiten und Geschenke der Liebe als sie. Kein Wunder also, daß sie mit ihrer Gabe des Schenkens viele Menschen glücklich macht. Sie zählt mit großer Wahrscheinlichkeit zu den beliebtesten Menschen in unserer Gemeinde, weil Freundlichkeit und Großzügigkeit einfach zu ihrer Natur gehören.

Es gibt aber auch Geschenke mit verborgenen Preisschildern, auf denen folgendes zu lesen ist: „Ich habe mich in dich investiert, du bist mir jetzt etwas schuldig." Doch nicht auf den berechnenden Gebern liegt die Segensverheißung, sondern auf den fröhlichen und freizügigen Gebern. Ein Schotte warf einmal versehentlich eine Krone, die er für einen Penny gehalten hatte, in den alten Opferstock. Als er bestürzt die Verwechslung registrierte, raste er zum Diakon, um den Irrtum zu beheben. Dieser weigerte sich, dem Schotten die Krone herauszugeben. Der Schotte sagte: „Na gut, dann werde ich für die Krone Kredit im Himmel haben." „Nein, auf gar keinen Fall", sagte der Diakon. „Du wirst nur Kredit für einen Penny haben."

Großzügige Nächstenliebe in Geschenkform hat keine Gängelbänder und erwartet nichts vom Partner, Freund oder dem Nächsten zurück. Wenn wir jemandem Gutes tun, so sollte das aus freien Stücken geschehen, ohne eine Gegenleistung zu erwarten. Wer in fröhlicher Weise Nächstenliebe verschenkt, wird aber auch Großzügigkeit und ein volles, gerütteltes Segensmaß erhalten, denn Gott selbst verspricht, dass er die entstandenen Lücken wieder schließen wird.

Das David-Jonatan-Modell

Das wohl schönste und beeindruckendste Beispiel echter, tiefer Freundschaft finden wir in der Bibel bei David und Jonatan. Ihre Freundschaft war voller Leidenschaft, Offenheit und Hingabe (1 Sam 17,55-18,1): „... fühlte sich Sauls Sohn Jonatan zu David hingezogen. Er gewann ihn so lieb wie sein eigenes Leben." Diese beiden mutigen Kämpfer, die nicht nur auf dem Schlachtfeld miteinander durch dick und dünn gingen, empfanden tiefe Zuneigung, gegenseitige Anziehung und Respekt füreinander.

Freundschaftliche Highlights kann man mit einem Rendezvous-Abend vergleichen. Man durchläuft in der Regel zunächst ein gemeinsames „romantisches“ Stadium des Kennenlernens, doch dann sicher auch Phasen der Desillusionierung – und gerade in diesen Phasen kann wirkliche Nähe entstehen. Doch an diesem Punkt gemeinsamer freundschaftlicher Entwicklung sterben die meisten Freundschaften. Stehen wir jedoch nach einer Kette von Enttäuschungen immer noch zu unserem Freund, so hat die Freundschaft gerade erst begonnen.

Tiefe Freundschaft ist nämlich eine Grundentscheidung. Sie kann in Wirklichkeit gar nicht entstehen, wenn wir den Freund nicht mit seinen Stärken und Schwächen annehmen. Wie bei einem Streichholz, das Reibung braucht, um Licht kraftvoll zu entfalten, so braucht echte Freundschaft die Reibfläche am Freund. David und Jonatan wuchsen in ihrer Freundschaft, über die sie sicher sprachen, so zusammen, dass sie schließlich einen Bund miteinander schlossen: „Jonatan und David schworen sich unverbrüchliche Freundschaft. ‚Du bist mir so lieb wie mein eigenes Leben‘, sagte Jonatan zu David“ (1 Sam 18,3).

Dieser Freundschaftsbund war eine verbindliche Verpflichtung zur freundschaftlichen Treue, der mit einem Eid – ähnlich dem Treueversprechen der Eheschließung – besiegelt wurde. Beide wollten nicht nur gemeinsam durch dick und dünn gehen, sondern sie wollten in guten wie in schlechten Tagen zueinander stehen. Selbst die Statusunterschiede von einem Hirten zu einem Königssohn wurden durch die Beziehung aufgehoben. Als Jonatan dann in einer Schlacht gegen die Philister ums Leben kam, brachte David den Schmerz seines Herzens in einem Klagelied mit bewegenden Worten zum Ausdruck:

> „Die Tapfersten sind tot, im Kampf erschlagen! Auch Jonatan liegt tot dort auf den Bergen! Mein Bruder Jonatan, mein bester Freund, voll Schmerz und Trauer weine ich um dich; denn deine Freundschaft hat mir mehr bedeutet, als Frauenliebe je bedeuten kann! Die besten Krieger sind tot,

im Kampf erschlagen, für immer sind die Tapfersten dahin!“ (2 Sam 1,25-27).

Hindernisse für Männerfreundschaften

In einer Zeit, in der persönliches Weiterkommen und Karriere weit über der Beständigkeit menschlicher Beziehungen stehen, bekommt man leicht das Gemüt eines Fleischerhundes. Wen wundert es da noch, daß der Weg vieler Zeitgenossen mit toten Freundschaften gepflastert ist. Als Kinder einer Konkurrenzgesellschaft haben es besonders die Männer schwer, offen in eine Männerfreundschaft einzusteigen, die frei von zwanghaften Beweisen eigener Kompetenz und Stärke ist. Auf der Reise vom Kind zum Mann geht uns vieles verloren, das es nun zurückzugewinnen gilt.

Verborgene, sanfte Gefühle verstehen wir Männer in der Regel gut hinter einem Berg von Verlegenheitsgesten und Kompetenzfakten zu verbergen. In der Beziehung zu einem Mann versucht man sich in der Regel in einer rationalen, geschäftsmäßigen Form näherzukommen. Liegt dies nun an der Angst vor missverstandener Männerliebe – dem Angstgespenst, dass jemand eine selbstverständliche Herzlichkeit für Homosexualität halten könnte –, oder ist es die Angst vor der Liebe schlechthin, die die Männer daran hindert, über ihre Beziehung zu sprechen? Ist es vielleicht die anerzogene Lüge, die ganze Männergenerationen geprägt hat, nämlich, dass Gefühl mit Schwäche gleichzusetzen sei?

Vermutlich stimmt von allem ein bisschen. Frauen scheinen es da wesentlich leichter zu haben. Sie teilen ihre Gefühle offen miteinander, lachen laut, wenn sie miteinander telefonieren, wohingegen das die Männer kaum tun, wenn sie zu zweit sind. Viel häufiger als Männer reden Frauen z. B. offen über ihre Sexualität und nehmen sich lachend oder weinend in den Arm. Es scheint fast so, als ob Männer erst, wenn sie wirklich alt geworden sind, so weich und sanft werden, daß sie ihre Gefühle ausdrücken können. Es ist ja kein Geheimnis, daß gerade Opas liebevoller und sanfter werden.

C. S. Lewis hielt in seinem Buch *The Four Loves* („Die vier Arten der Liebe") eine interessante Beobachtung fest: „Verliebte reden miteinander immer über ihre Liebe, Freunde sprechen kaum jemals über ihre Freundschaft. Verliebte stehen sich meist Auge in Auge gegenüber, ineinander versunken. Freunde sind Seite an Seite versunken in irgendeine gemeinsame Beschäftigung." Ich denke, es sollte elementarer Bestandteil jeder Freundschaft sein, miteinander über die Beziehung zu sprechen und sie auch nach außen hin klar als solche zu bezeichnen. David und Jonatan hielten mit ihren inneren Gefühlen nicht hinter dem Berg oder unterdrückten sie mannhaft, sondern sie sprachen ganz offen ihre Gefühle sowie ihre Wertschätzung aus, die sie füreinander empfanden.

Es fällt den meisten Männern schwer, vom Roß der Gefühlskontrolle zu steigen, obwohl gerade dies die Freundschaft enorm beleben, ja sogar elektrisieren könnte. Das Reden über die Freundschaft, die eigenen Gefühle würde sich wie ein erfrischender Regen auf die trockene, spröde Seelenlandschaft des Mannes legen. Schaffe in Deinem Leben Platz für eine echte Männerfreundschaft (Frauenfreundschaft) und nimm sie ernst. Hierfür brauchen wir Mut. Mut zur Verpflichtung, Mut zum Gefühl, Mut zur Offenheit, Mut zur Liebe und auch Mut zur Verletzbarkeit.

Echte Freunde müssen offen und frei von Furcht miteinander reden können. Wenn Du Deinem Freund nicht die Wahrheit sagen kannst (es gibt ja noch andere Wege als den der Holzhammermethode), so ist er kein wirklicher Freund. Normalerweise gehört lautes Denken vor anderen Menschen zu den gefährlichsten Geräuschen, die wir von uns geben können. Vor einem echten Freund aber sollten wir laut denken können.

Den Freund in seiner Andersartigkeit annehmen und lieben

Es sind häufig bestimmte Eigenschaften oder Gegensätze, die wir im anderen entdecken und die uns so sehr ansprechen, bis der „freundschaftliche Funke" überspringt. Unbewußt reagieren wir wie Eisenspäne, die durch einen Magneten angezogen werden. Wir können uns dieser Sogwirkung weder entziehen, noch können wir sie sofort logisch erklären. Daß sich oftmals gerade Gegensätze anziehen, erklärt, warum zwei Freunde, die sich gefunden haben, dennoch unterschiedliche Blickwinkel und Betrachtungsweisen haben und zwei „Sprachen" sprechen können. Nicht selten prallen solche Gegensätze zunächst mal aufeinander und können sogar zu Missverständnissen führen. Da jeder Freund seine Welt durch die Brille seiner Subjektivität betrachtet, müssen wir uns aufmachen, um ihn wirklich zu verstehen. Genau aus diesem Grund ist es auch verständlich und normal, dass meine „geniale Jahrtausend-Idee" meinen Freund nicht unbedingt vom Hocker reißen muss.

In meinen tiefen Freundschaften entdeckte ich nicht nur unterschiedliche Meinungen, sondern auch eine Vielfalt von Perspektiven im Denken, die ich inzwischen als kreative Anregung empfinde. Wer allerdings intolerant ist und über keine innere Weite verfügt, fühlt sich vielleicht von anderen Betrachtungsweisen verunsichert und neigt vorschnell dazu, sich gegen sein Gegenüber abzugrenzen. Kein Wunder, dass er nie etwas von dem Reichtum mitbekommt, den eine andere Sichtweise ihm schenken könnte. Deshalb ist Toleranz ein Grundpfeiler der tiefen Freundschaft. Erst sie ermöglicht den Umgang mit Meinungsvielfalt und damit auch das wirkliche Kennenlernen. Viele Enttäuschungen in Freundschaften rühren daher, dass man sich nicht richtig in sein Gegenüber hineinversetzt hat. Je älter ich werde und je länger ich mit Menschen zu tun habe, umso mehr ist mein Respekt vor der Vielfalt menschlicher Charaktere gewachsen. Das Verlangen, Menschen zu verändern, hat sich entsprechend verringert.

D. L. Moody war nicht nur ein faszinierender Evangelist, der Tausende von Menschen ins Reich Gottes brachte, sondern er war auch ein überaus demütiger Mensch, der andere stehen lassen konnte. Obwohl er viele Einrichtungen gründete, sagt man von ihm, dass er so gut wie niemals kritisierte. Wen wundert es da noch, dass einer seiner beliebtesten Aussprüche folgendermaßen lautete: „Im Augenblick habe ich gerade soviel Schwierigkeiten mit D. L. Moody, dass ich keine Zeit finde, die Fehler bei anderen Geschwistern zu finden."[1] Hättest Du nicht auch gern einen

[1] aus: Gary Inrig „Wahre Freundschaft"

Moody zum Freund? Es gehört einfach zu einer tiefen Freundschaft, bei unserem Freund Schwächen und Stärken in gleicher Weise zu akzeptieren und – soweit es uns möglich ist – in schweren Stunden zu ihm zu stehen.

Hier zur Vertiefung einige Reflektionsfragen:

1. Hast Du genügend Toleranz und Geduld für Deine Freunde und Mitmenschen?

   ____

   ____

2. Hättest Du Dich mit Deiner Toleranzgrenze gern selbst zum Freund?

   ____

   ____

3. Bist Du bereit, Deine Zeit in tiefe Freundschaften zu investieren?

   ____

   ____

Nur, wenn wir diese Fragen ehrlich beantworten und vielleicht so eigene Schwachpunkte entdecken, wachsen wir in unserer Beziehungsfähigkeit. Nimm Dir deshalb Zeit, die Fragen noch einmal gründlich durchzugehen und mach Dir Notizen dazu.

Vorsicht vor der Vollkommenheitsfalle

Je älter wir werden, umso kleiner werden unsere Träume von einer schönen und vollkommenen Welt, die sich mit weiteren liebevollen Menschen anfüllen soll. Als kleine Kinder waren wir noch von der Vollkommenheit unserer Eltern überzeugt. Haben wir aber dann nicht mit zunehmendem Alter unsere Illusionen verloren? Etwas später war es dann der Traum vom Märchenprinzen, dem perfekten Partner, der uns anspornte. Doch auch ihn oder sie schien es nach einigen Jahren, manchmal schon nach Monaten, nicht mehr zu geben. Wir mussten umdenken, d. h. zu einer menschlichen Reife gelangen. Menschen, die verbissen an veridealisierten Traumvorstellungen in Sachen Freundschaft festhalten, sind ab einem gewissen Alter hochgradig unreif. Ein Mann erzählte mir, dass er von seinem Freund enttäuscht sei, weil dieser seine freundschaftliche Hingabe nicht in dem Maße erwidere, wie er es sich für eine gute Freundschaft vorstelle. Sein Freund habe sich sogar immer mehr von ihm zurückgezogen. Von seinem Freund wiederum hörte ich, dass er sich von der einnehmenden, umwickelnden, ja einschnürenden „Schlangenliebe" bewusst fernhielt, die bei ihm nur Druck und Schuldgefühle ausgelöst habe. Die Meßlatte für Freundschaft sei ihm in dieser Beziehung eindeutig zu hoch.

Ein Beziehungsperfektionist wird sein Leben lang unzufrieden sein, weil er eines nicht verstehen will, nämlich die Tatsache, dass jeder Mensch auf irgendeine Weise unvollkommen ist. Es ist sicherlich keine neue psychologische Erkenntnis, wenn ich sage, dass überzogene Beziehungsperfektionisten mit Abstand die größten Schwierigkeiten in ihren Beziehungen haben. Ich persönlich habe gar kein Interesse daran, einen perfekten Menschen kennenzulernen, denn ich weiß inzwischen, dass in allen Beziehungen und Freundschaften auch nur mit Wasser gekocht wird. Ist es nicht gerade die Unvollkommenheit, die uns sympathischer, interessanter, ja, manchmal sogar anziehender macht? Nimm Dich an in Deiner Unvollkommenheit, und Du wirst beste Freunde in anderen fehlerhaften und unvollkommenen Menschen finden.

Stolperstein „Zwanghafte Übereinstimmung"

Wer die Haltung vertritt: „Mein Freund oder Partner muß mit mir in fast allen Dingen des Lebens einer Meinung sein", verhält sich wie ein störrischer Esel auf dem Glatteis. Wie ich bereits erwähnte, wirken Meinungsverschiedenheiten auf jede Freundschaft inspirativ und belebend, und sie bewahren uns nicht nur vor Einseitigkeit, sondern auch vor tödlicher, gähnender Langeweile. Trotz mancher Übereinstimmungen im Geschmack und Denken wird jeder in der Regel in bestimmten Dingen doch andere Ansichten vertreten und vielleicht spezielle Gewohnheiten haben, die uns nerven. Der Freund wird Dingen abgeneigt sein, die wir wiederum gut finden. Nicht die zwanghafte Übereinstimmung bildet den tragenden Boden für die Freundschaft, sondern Freiheit und Toleranz sowie eine phasenweise Zurückstellung der eigenen Wünsche.

Freundschaft in schweren Stunden

Aus dem Buch Joseph Hellers „Gut wie Gold" entnehme ich folgende Dialogpassage, in der zwei Männer miteinander sprechen, die sich seit Jahrzehnten kennen und gemeinsam in den obersten politischen Rängen tätig sind:

> *„Du hast wohl recht, Ralph. Nicht unsere gesellschaftliche Stellung sollte bestimmend sein, sondern unsere Freundschaft. Mein schwedischer Verleger hat einmal Freundschaft für mich definiert. Der ist Jude, Ralph, und als Kind hat er unter Hitler in Deutschland gelebt, bis die Familie flüchten konnte. Der sagte mir, er kenne nur eine Art, einen Freund zu prüfen: ‚Würde er mich verstecken?' lautet die Frage, die er sich stellt. Auch ich würde meine Freunde auf diese Art prüfen, wenn es sein müßte. Also Ralph, würdest du mich verstecken, falls ein Hitler käme?"*
>
> *Diese Frage setzte Ralph in Verwirrung … „Junge, Junge, Bruce", sagte er hastig, „wir sind doch keine Freunde …"*
>
> *Bruce mochte nicht zeigen, wie sehr ihn das traf. „Früher hast du bei mir abgeschrieben, Ralph, da standen wir uns recht nahe."*
>
> *„Das war auf dem College, Bruce, und mir lag sehr daran, die Prüfungen zu bestehen. Jetzt aber handelt es*

> *sich bloß um Regierungsämter, und da hat man keine Freunde, nur Interessen und Ehrgeiz.*“[2]

Eine Frage, die sich uns an dieser Stelle aufdrängt, lautet: Lieben wir unseren Freund, unsere Freundin so sehr, daß wir unser Leben für ihn oder sie geben würden? Denk einmal darüber nach. Natürlich kann diese Frage nicht das Hauptkriterium für eine echte, tiefe Freundschaft sein, denn Menschen halfen ja gerade in der Nazizeit völlig Unbekannten und riskierten oder opferten ihr Leben sogar für sie. Trotzdem stimmt die gedankliche Stoßrichtung. In den dunklen Stunden unseres Leben, in denen wir uns einsam, leer und depressiv fühlen, weil tiefe Schicksalsschläge uns treffen, zeigt sich, ob wir echte Freunde haben, die uns in unserem Elend „auffangen“.

In der Weisheitsliteratur des Alten Testamentes heißt es:

> „Ein treuer Freund ist wie ein festes Zelt; wer einen solchen findet, hat einen Schatz gefunden. Für einen treuen Freund gibt es keinen Preis, nichts wiegt seinen Wert auf. Das Leben ist geborgen bei einem treuen Freund, ihn findet, wer Gott fürchtet. Wer den Herrn fürchtet, hält rechte Freundschaft, wie er selbst, so ist auch sein Freund“ (Sir 6,14-17, Einheitsübersetzung).

Gerade in der Bibel finden wir viele beeindruckende Beispiele, in denen Freunde beweisen, was echte Freundschaft sein kann. Im Buch Daniel erfahren wir von drei Freunden, die sich im Glauben gegenseitig unterstützten und sich sogar gemeinsam in den Feuerofen werfen ließen. Ein vorbildlicher Freund des Paulus war Epaphroditus, der von den Philippern zu Paulus gesandt wurde, um ihm während seiner Gefangenschaft in Rom beizustehen. Im Brief des Apostels Paulus an die Philipper lesen wir, daß Epaphroditus fast zu Tode kam, weil er sich nicht scheute, sein Leben zu riskieren, um Paulus weiterhin zu dienen (Phil 2,29f). Als

---

[2] aus: „Gut wie Gold“, aus dem Amerik. von G. Danehl, Frankfurt a. M., S. Fischer 1980.

Paulus mit seinem Tod durch Nero zu rechnen hatte, drängte es ihn, seinen Freund Timotheus zu sehen. Er schrieb ihm: „Komm so bald wie möglich zu mir ... Nur Lukas ist noch bei mir" (2 Tim 4,9.11).

Jesus sagte, daß niemand größere Liebe habe als derjenige, der sein Leben für seine Freunde läßt. Selbst Jesus war beeindruckt und nicht wenig überrascht, als die Freunde eines gelähmten Mannes während seiner Predigt in einem menschenüberfüllten Haus das Dach abdeckten, um auf diese Weise ihren Freund mit einer improvisierten Konstruktion direkt vor die Füße Jesu abzuseilen. Tiefe Freundschaften wachsen und erweisen sich besonders danach als tragend, wenn wir mit unserem Freund durch dick und dünn, durch Freud und Leid, durch Sieg und Niederlage gegangen sind.

Fragen zur Vertiefung

1. Wie wichtig sind Dir lockere Freundschaften und wie viele hast Du?

 ____

 ____

2. Vermutlich wirst Du auch in absehbarer Zeit nicht wie die drei Männer in einem Feuerofen landen. Trotzdem erscheint mir folgende Frage angebracht: Gibt es einen oder mehrere Freunde, für die Du Deine Hand ins Feuer legen würdest? Wenn ja, welche?

 ____

 ____

3. Für welchen dieser Freunde würdest Du ein Dach abdecken?

 ____

 ____

4. Mit welchen Freunden kannst Du Pferde stehlen?

____

____

Freundschaft und Zeit

Ist es für uns nicht selbstverständlich, dass wir uns Zeit nehmen, um unser Geld zu verdienen, unser Auto zu reparieren, das Geschirr zu spülen und vielleicht mit hohem Zeitaufwand den Garten in Schuss zu halten? Wie aber sieht es mit Zeit für Freundschaften aus? Da die meisten Menschen Freundschaften als etwas Selbstverständliches hinnehmen, werden sie nicht gepflegt, obwohl sie wie ein Garten der Zeit und der Pflege bedürfen. Ich persönlich bin der Meinung, dass eine Freundschaft durch zwei Umstände zerstört werden kann. Einmal dadurch, dass man sich wie die meisten Menschen zuwenig Zeit füreinander nimmt, oder dadurch, dass man zuviel Zeit miteinander verbringt, was natürlich nicht ganz so häufig vorkommt.

Halten wir zunächst einmal fest: Jede Beziehung bedeutet für uns einen zeitlichen Aufwand. Wir brauchen Zeit für unseren Ehepartner, für die Kinder, für den Beruf, die Gemeinde und nicht zuletzt für die Freunde. Gerade weil unser Leben ununterbrochen durch die Sanduhr rinnt, sind wir angehalten, unsere Zeit in die wichtigsten Ereignisse und Freundschaften zu investieren. Ein Mann sagte mir einmal: „Ich bin mit meiner beruflichen Karriere so ausgelastet, dass ich mir den Luxus ‚Freundschaft' sowieso nicht leisten kann."

Eine solche Bemerkung zeigt mir, dass jemand das Wichtigste im menschlichen Leben nicht begriffen hat und bei ihm ganze Bereiche, die das Leben eigentlich lebenswert machen, verödet sind. Ist es nicht auch so, dass wir in der Betriebsamkeit des Lebens dazu neigen, Programme für wichtiger zu halten, als sie es im Vergleich zu Beziehungen sind? Jemand brachte es einmal treffend zum Ausdruck: „Wer sagt, das kostet zu viel Zeit, der ist keine Bekanntschaft und Freundschaft wert."

Ein ausgefülltes Leben kommt nicht durch einen ausgefüllten Terminkalender zustande, sondern durch die Art und Weise, wie wir zu lieben in der Lage sind und mit Freundschaften unser Leben gestalten. Akademische Dienstgrade, Titel, Finanzen und Karriere können zwar wichtig sein, sie sind jedoch in sich ein zu geringes Lebensziel. Du solltest es nicht wie der hektische Waldarbeiter machen, der unter vollem Einsatz seiner Kräfte stöhnend und schwitzend einen Baumstamm in kleine Stücke zersägte. Ein vorbeikommender Spaziergänger machte ihn darauf aufmerksam, dass sein Werkzeug stumpf sei. Der Waldarbeiter entgegnete: „Ich habe keine Zeit, meine Säge zu schärfen, ich muss weitersägen."

Trotz meines vollen Programms habe ich in der letzten Woche zwei ganze Tage mit einigen befreundeten Pastoren aus den USA verbracht. Es ging nicht darum, sich gegenseitig zu belehren oder mit geistlich tiefem Gedankengut zu befassen, sondern einfach nur darum, gut zu essen, einen guten Wein zu genießen, stundenlang miteinander zu lachen, zu feixen, Blödsinn zu machen und dabei die schöne Stadt Heidelberg zu besichtigen. Unsere Zeit, die wir frei von jeglichem religiösen Profilierungsdrangverbrachten, diente dem Aufbau echter Freundschaft. Um bei dem Bild des Waldarbeiters zu bleiben, wir wurden geschärft, und zwar für die Bäume, die im Verlauf einer 60-80-Stunden-Woche in unserem Dienst fallen müssen.

Ich kenne andere Kollegen, die genauso wie wir ackern, doch sie werden mit der Zeit stumpf, weil ihnen echte Freunde fehlen. Pflicht ohne Zeit für Freundschaft und Liebe macht verdrießlich. Wer dagegen Zeit in Freundschaften und andere Beziehungen investiert, wird als Mensch der Liebe ununterbrochen weiterwachsen und kraftvolle Spuren in dieser Welt zurücklassen.

Wenn wir abends das Inventar unserer Gedankengänge Revue passieren lassen und es ordnen und sortieren, denken wir in der Regel an Beruf, eventuell an den Ehepartner, die Kinder sowie gewisse Sorgen und Freuden. Denken wir aber auch über unseren Freund nach? Beten wir für ihn? Segnen wir ihn? Bewegen wir die Probleme, die ihn bewegen, ebenfalls in unserem Herzen? Indem wir eine solch innere gedankliche und emotionale Beziehung zu unserem Freund entwickeln, rufen wir uns die Freundschaft viel öfter in Erinnerung. Ja, wir müssen uns Zeit für die Freundschaft nehmen – Zeit, um über den Freund nachzudenken, Zeit um anzurufen, Zeiten, in denen wir den Schmerz der Enttäuschung verarbeiten, und Zeiten, in denen wir miteinander „einen draufmachen". Wir brauchen Zeit, die wir von unserer alltäglichen „Tyrannei des Dringlichen" abzapfen – Zeit, die unsere Abhängigkeit reduziert.

Freundschaft ist ein lebenslanger Weg der Nächstenliebe. Unser Bemühen und unser Einsatz für andere wird uns auf diesem Pfad Glück, Zufriedenheit und Lebensfreude bescheren. Trotzdem sollten wir uns verdeutlichen, dass die üblichen Verantwortungen des Lebens uns nur eine gewisse, relativ begrenzte Zeit für den Freundschaftsaufbau ermöglichen.

Aus diesem Grund sollten wir uns fragen:

1. In welche Freundschaft will ich mich intensiver investieren?

   ____

2. Wer sollte noch zu dem erweiterten Kreis meiner allgemeinen Freunde gehören?

   ____

Tiefe Freundschaften wachsen und reifen über Jahre hinweg, und zwar bei gutem Essen mit munteren Kaubewegungen, die durch fröhliche Konversation unterbrochen werden, oder in der Sauna, bei ausgedehnten Spaziergängen oder nach einem gemeinsam besuchten Konzert. Hierbei lassen wir unserem Herzen ein Fenster wachsen, durch das unser Freund Einblick in unser Wesen und unsere Welt erhalten kann. Freundschaft braucht also einen soliden Stellenwert in unserer Prioritätenliste. Was wir hierzu wirklich benötigen, ist eine Beziehung zu unseren Beziehungen.